Jörg Zink und Hans-Jürgen Hufeisen

Wie wir feiern können

WIE WIR FEIERN KÖNNEN

JÖRG ZINK

HANS-JÜRGEN HUFEISEN

LIEDER, PSALMEN, GEBETE UND TÄNZE ZU TAGES – UND FESTZEITEN

Kreuz Verlag

Die Deutsche Bibliothek – CIP-Einheitsaufnahme

Zink, Jörg:
Wie wir feiern können : Lieder, Psalmen, Gebete und Tänze zu Tages- und Festzeiten / Jörg Zink und Hans-Jürgen Hufeisen. – 1. Aufl., (1. – 12. Tsd.). – Stuttgart : Kreuz-Verl., 1992
ISBN 3-7831-1149-8
NE: Hufeisen, Hans-Jürgen:

1. Auflage (1.–12. Tausend) 1992
Gestaltung: Jutta Schuster
Notensatz: Musica Libera
Satz: Steffen Hahn FotoSatzEtc., Kornwestheim
Druck und Bindung: Franz Spiegel Buch GmbH, Ulm

ISBN 3 7831 1149 8

INHALT

WAS DIESES BUCH WILL
7

MORGENGEBET
15

MITTAGSGEBET
35

ABENDGEBET
49

ABENDGEBET IM ADVENT
69

ABENDGEBET IN DER PASSIONSZEIT
87

FEIER AM OSTERMORGEN
107

PFINGSTZEIT
129

GOTTESDIENST IM GRÜNEN
151

GEBÄRDEN ZUM BETEN
173

MEDITATIVE TÄNZE
185

ALTERNATIVE LESUNGEN
199

LIEDER, HYMNEN UND KANONS
203

Was dieses Buch will

Unter dem Blätterdach eines Baums
sitzt ein Busch
und singt.

Indianischer Vers

Immer wieder fordert die Bibel uns zum Singen auf. Sie meint, wir sollten nicht nur reden, sondern etwas ganz und gar Nutzloses tun: singen. Wir sollten, noch ehe wir ein Instrument zur Hand nehmen, selbst zum Instrument werden mit der ganzen Reichweite an Farben und Klängen unserer Stimmen. Wir sollten nicht warten, bis uns das vollkommene Lied gelingt, sondern aus dem Augenblick und mit den Sprachmitteln, die wir jetzt hätten, das unsere singen.
Ein Psalmbeter sagt: „Du hast meine Klage verwandelt in einen Reigen, du hast mir den Sack der Trauer ausgezogen und mich mit Freude gegürtet, daß ich dir lobsinge und nicht stille werde." „Singet dem Herrn", sagt der Psalm. Die ganze Geschichte des biblischen Volkes hindurch zieht sich die Aufforderung, „zu singen, zu rühmen und zu loben". Diese Sprache des Atems aber soll sich weiten zur Bewegung, zum Tanz, zum kultischen Spiel, in dem das Lied sichtbare, lebendige Gestalt findet.
Die Bibel sagt auch, die Bäume, die Berge, die Sterne sollten singen. Sie sollten Gott preisen, nicht mit einer hörbaren Simme, aber damit, daß sie zeigen, was Gott in sie gelegt hat. Wenn ein Baum sein besonderes Leben als Baum auslebt, so „singt" er ein Lied für Gott. Das meint auch der indianische Vers von dem Busch unter dem Baum.

Was heißt denn singen? Es heißt, den eigenen inneren Rhythmus und die eigene innere Melodie mit der Luft spielen lassen. Singen heißt, seiner Seele mit allem, was in ihr lebt, eine hörbare Gestalt verleihen. Es heißt, was an Stimmungen in ihr ist, auf einen reinen Ton stimmen. Indem wir aus- und einatmen, beginnt die Musik. Luft ist das Element des Traums, des Schwebens, der Freiheit, Element der Inspiration.

Klang entsteht, breitet sich aus, dehnt sich in der Zeit, läuft durch den Raum. Er schwingt zurück und kehrt wieder, weckt andere Klänge. Und je nachdem, was da schwingt und wie es schwingt, kann ein Ton heilen oder verletzen, einlullen, lebendig machen oder verführen. Das Geheimnis der meditativen Musik, der Gregorianik, der orthodoxen Liturgie, der alten Klostergesänge ist die tröstende und heilende Kraft, die von dieser Musik ausgeht. So auch gilt es die heilende Kraft der Bewegung, der Schwingung, des rhythmischen Geschehens in uns selbst und um uns her neu zu entdecken.
Die ganze Welt ist ja ein einziges ungeheures Feld von Schwingungen. Im Grunde ist alles, was ist, eine einzige große Musik. Die Bewegungen der Gestirne wurden früh schon mit dem Symbol der „himmlischen Musik" gedeutet, mit der „Harmonie der Sphären", und bis zu den kleinsten Bauteilchen der Materie besteht nach der Sicht einer sensibel gewordenen heutigen Wissenschaft alles aus Klang, aus staunenswert abgestimmter, klingender und verbindender kosmischer Musik.

Wenn wir singen, öffnen wir unserer Seele einen weiten Raum. Wir geben ihr eine klingende Gestalt, und die Weite, die wir gewinnen, öffnet sich uns für Freude und Trauer, Dank oder Klage. Dieser Raum klingt und wird lebendig durch Resonanz. Nichts klingt ohne Resonanz. Das gilt nicht nur für Musikinstrumente, sondern auch für uns

selbst. Es muß in uns eine Art Musik sein, wenn wir Musik verstehen wollen. Wir müssen in uns eine Art Saite haben, wenn der Ton einer Saite uns etwas sagen soll, eine Art Flöte, wenn der Klang einer Flöte uns erreichen will. Denn wie zum Klang ein Ohr gehört, das ihn vernimmt, so vernimmt das Ohr nur die Klänge, für die es geschaffen ist. So erkenne ich nur, was zuvor schon in mir gelebt hat, es berührt mich nur, was zu fühlen ich die Zartheit habe. So sagt die Bibel, ich könne von Gott nur sinnvoll reden, wenn er selbst mir seinen Geist gegeben habe wie ein aufnehmendes Organ, wenn also Gott auch in mir selbst sei. Der Geist weckt die Töne, die auf dem Instrument unserer Seele erklingen sollen. Gott nimmt sie auf, und es beginnt etwas zu schwingen zwischen Himmel und Erde.
Es ereignet sich das, was wir „Inspiration" nennen. Inspiration ist Einatmen und Wiederentlassen des Atems Gottes. Atme den Atem Gottes ein und gib ihn frei und atme ihn wieder ein! Warum fehlt uns so oft der Mut, Inspiration zu empfangen und uns auf sie zu berufen für das, was wir singen oder sagen? Es könnte in unseren Kirchen viel in Bewegung geraten, wenn wir uns vom Geist Gottes bewegen ließen und diese Bewegung weitergäben, in Gang gesetzt durch die schaffende Kraft, die in Gott ist.

Wir machen an einigen Stellen den Vorschlag, ein Lied in einen Tanz umzusetzen. Wir sind uns dabei darüber im klaren, daß der Tanz in unseren Kirchen sowohl an den festsitzenden Bänken scheitert als auch an der Meinung, der Tanz sei nun einmal eine weltliche Vergnügung. Aber das ist nicht biblisch.
Nach dem Durchzug der Israeliten durch das Rote Meer nahm Mirjam, die Prophetin, eine Pauke in die Hand, und alle Frauen folgten ihr nach mit Pauken in einem Reigen. Und Mirjam sang ihnen vor: „Laßt uns dem Herrn singen, denn er hat eine herrliche Tat getan." Als David die Bundeslade nach Jerusalem brachte, „da tanzten David und ganz

Israel vor dem Herrn mit aller Macht im Reigen". Psalm 87 sagt: „Sie singen beim Reigen: Alle meine Quellen sind in dir." Und so wiederholt sich die Aufforderung, im Zusammenhang eines Gottesdienstes zu tanzen, durch das ganze Buch des Alten Testaments. Als Maria ihr Lied sang: „Meine Seele erhebet den Herrn", da ging ihr Lied – wir können es uns nicht anders vorstellen – ganz selbstverständlich in einen Tanz über. Daß man ein Lied singen könne und dabei auf einem Stuhl sitzen, das wäre für Frauen jener Zeit unvorstellbar gewesen. Eine singende Gemeinde, die in Bänken sitzt, ist eine Erfindung des späten Abendlandes. Was wäre denn eine dem Evangelium angemessene Form des Tanzes? Wir können uns eine Form des Tanzes vorstellen, zu dem gesungen wird. Ein paar schlichte Versuche bieten wir an und hoffen, daß dieses Feld von denen, die es besser können, künftig weiter bearbeitet wird.

Mit dem Tanz verbunden sind Geste und Gebärde. In der alten Kirche gehörten die weit nach oben geöffneten Arme und Hände zum Gebet. In den alten Kreuzgängen in den Klöstern waren Beine und Füße am Nachdenken und Beten beteiligt. Die Menschen dort gingen stundenlang. Das war nicht ein zweckgebundenes Gehen irgendwohin, sondern ein Schreiten mit eigenem Sinn. Durch das ständige Vorsetzen der Füße und das immer wieder auch eingeschobene Zurücksetzen entstand ein Rhythmus, der in eine tiefe Meditation führte. Mit dem ganzen Körper bewegte man sich in den alten Mysterienspielen. Im körperlichen Nachvollzug von christlichen Geschichten spielten die Menschen sich in ihr Verständnis hinein. Die Bewegung, der Tanz und die vielfältigen Gesten gehörten zu den selbstverständlichen Stilmitteln des lebendigen Spiels. Wenn wir bedenken, wie arm unsere Gottesdienste an Bewegungen und Gesten sind, so wundern wir uns nicht mehr, wenn sie einfach als langweilig und nichtssagend von vielen gemieden werden.

Uns ist doch viel mehr zugedacht, als passive Zuhörer zu sein: Wir sollen Instrumente des Geistes Gottes werden. Wer in dieser Schwingung lebt zwischen Himmel und Erde, der kann feiern. Denn wenn wir ein Fest feiern, dann feiern wir das Leben, das Gott uns gab. Das Fest sagt: Du hast Leben vor dir, unendliche Lebendigkeit. Eines Tages, so sagt das Fest, wirst du anhalten, einatmen, durchatmen. Du wirst frei im Wind Gottes stehen, erfüllt mit seinem Atem, und wirst erst recht noch einmal anfangen zu leben. Das Fest erlaubt uns, unsere Stimmen einzubringen, auch unsere bescheidenen, mehr oder weniger gut geratenen Verse, unsere Melodien, unser gemeinsames Leben und alles, was es zu hören, zu sagen und zu singen gibt.

Die Worte, die Tonarten, die Harmonien und die Rhythmen, die wir gewählt haben, sind von der Atmosphäre der Zeit und der Feier bestimmt. Der Morgen verlangt Töne, in denen wir wach werden und uns aufrichten. Die Lieder am Abend suchen Sammlung in der Erinnerung und die Ruhe in Klang und Harmonie. Die Lieder der Passion leben von der immer erneuten Wiederholung der Klage. Der Ostermorgen beginnt mit einer schwermütigen Melodie, die ihren Halt in der Dreistimmigkeit sucht. Es waren drei Frauen, die das Grab aufsuchten. Erst später beginnt im Halleluja das Osterlachen zu erklingen. Es ist wichtig, daß Sie sich Zeit nehmen, wenn Sie die Lieder, Kanons und Kehrverse singen. Nutzen Sie auch die Mehrstimmigkeit, die in den deutschen Kirchen leider allzu sehr den Kirchenchören überlassen bleibt.
Wir brauchen dabei nicht zu betonen, daß die Texte, die Lesungen, die Melodien und die Gebete nicht allein im Garten der beiden Verfasser gewachsen sind. Es sind Gedanken der Bibel, Überlieferungen der Kirche, aus denen sie stammen, und es sind viele Freunde, die im Lauf der Jahrzehnte an ihrer Entstehung beteiligt waren. Bis auf die mit den Namen gekennzeichneten Texte und Melodien

der Lieder ist darum nichts als geistiges Eigentum der Verfasser anzusehen. Es ist Eigentum derer, die es verwenden, nachsprechen oder verändern wollen.

Es ist in den letzten Jahren und Jahrzehnten immer mehr dazu gekommen, daß Laien, das heißt Christen ohne kirchliches Amt, selbständig im Leben von Gemeinden oder Gruppen oder auf Kirchentagen mitgewirkt haben, und zwar nicht nur in Gesprächen oder Hilfsdiensten, sondern vor allem auch bei der Gestaltung von Andachten und Gottesdiensten bis hin zu Predigten oder Eucharistiefeiern. Das ist gut so und ein Zeichen der Hoffnung für diese Kirche.

Eine Kirche besteht ja nicht aus Verwaltungen oder aus Ämtern. Sie besteht aus vielen Menschen mit und ohne Funktion oder Amt. Alle Laien sind auch Priester, und alle Priester sind auch Laien. Das ist gute evangelische Überzeugung. Im Volk Gottes (das Wort „Laie" kommt vom griechischen Wort für „Volk") enden alle Über- und Unterordnungen, und es ist gut, wenn hin und wieder in unserer Kirche die Menschen aufstehen und sagen: „Wir sind das Volk."
Wir möchten also allen, die sich als Christen verstehen oder es gerne werden möchten, Mut machen, aufzugreifen, was wir hier anbieten, und sich Neues einfallen zu lassen, mit dem sie das, was wir vorschlagen, ändern, verbessern oder ergänzen können. Tun Sie sich zusammen mit anderen, die irgendeine Begabung haben, die reden können, die ein Instrument spielen, die einen Chorsatz einüben können, die zu einer biblischen Auslegung den Mut haben oder die eine tänzerische Bewegung in einer Gruppe erfinden oder gestalten können.
Wir haben, was „Eine" oder „Einer" sagen oder beitragen, mit „E" bezeichnet. Das bedeutet nicht, daß dies immer derselbe oder dieselbe sein müßte. Es können sich immer

auch mehrere beteiligen. Wir müssen uns nicht immer in einem Kirchenraum versammeln. Ein ruhiger Ort im Freien, ein normaler Saal oder ein Feriencamp – Ort Gottes und Ort der Seinen wird es allemal sein.
Jede der Feiern in diesem Buch dauert, wenn sie im vorgeschlagenen Wortlaut stattfindet, fünfzehn Minuten. Das Angebot bleibt indessen völlig offen. Es kann jederzeit gekürzt oder verändert oder erweitert werden. Es kann im Anschluß an die Lesungen auch eine Ansprache oder Auslegung folgen. Vor allem auch bei der musikalischen Gestaltung ist nichts vorbestimmt. Will man am Anfang oder am Ende oder im Verlauf der Feier Instrumente einsetzen, so ist dem keine Grenze gesetzt. Hauptsache, es wird mit Freude und Phantasie gestaltet und es entsteht eine Feier für die Menschen, die sich versammeln.
Im Anhang dieses Buchs finden Sie Beschreibungen zu den verschiedenen Tänzen und zu den Gesten zum Segensgruß. In den Tagesgebeten sind einige Lieder, die Sie mit einfachen – auch von Ihnen selbst gestalteten – Meditationstänzen durchspielen können. Sie finden im Anhang außerdem eine Liste mit Hinweisen zu Musikkassetten, die Sie zum Tanzen verwenden können. Wagen Sie es!

Für den Verfasser der Texte dieses Buchs ist es sein jüngster Versuch in einer dreißigjährigen Arbeit an der christlichen Sprache. Er hat zunächst seine Versuche mit biblischen Texten gemacht und sie in dem Buch „Womit wir leben können" veröffentlicht. Vor zwanzig Jahren kamen die Versuche mit der heutigen Sprache des Gebets hinzu; in dem Buch „Wie wir beten können" wurden sie zusammengefaßt. Zuletzt kamen freie Übertragungen von Psalmen in dem Buch „Psalmen und Gebete der Bibel". Im Anhang finden sich darum noch Listen von Vorschlägen, die aus diesen drei Büchern stammen und mit denen die hier wiedergegebenen Andachten variiert werden können. Sie sind von vornherein für den freien Gebrauch auch von Nichttheologen bestimmt gewesen und entsprechend abgegrenzt und formuliert.

Dieses Buch ist vor allem für die Hand derer bestimmt, die eine Feier gestalten, die Leiterinnen oder Leiter, die wir mit „E“ bezeichnen.

Für die Hand aller übrigen Teilnehmer haben wir je sechsseitige Blätter zu den einzelnen Feiern herausgebracht, die Sie in Päckchen zu je fünfundzwanzig Exemplaren bestellen können, wie Sie sie eben brauchen.

Wollen Sie die Lieder einüben oder zu den Liedern meditative Tänze gestalten, empfehlen wir Ihnen CD, MC oder LP „Wie wir feiern können. Ausruhen – Zuhören – Träumen“, Produzent Hans-Jürgen Hufeisen. Die Aufnahmen, bei denen die beiden Verfasser zusammenwirken, eignen sich auch für meditative Sendungen in Rundfunk, Krankenhäusern und Tagungszentren. Es sind Musik und Worte für alle Menschen, die in ihrem Alltag Stille und das Feiern mit Gott suchen.
Wir wünschen Ihnen Mut und gutes Gelingen.

Jörg Zink und Hans-Jürgen Hufeisen

MORGENGEBET

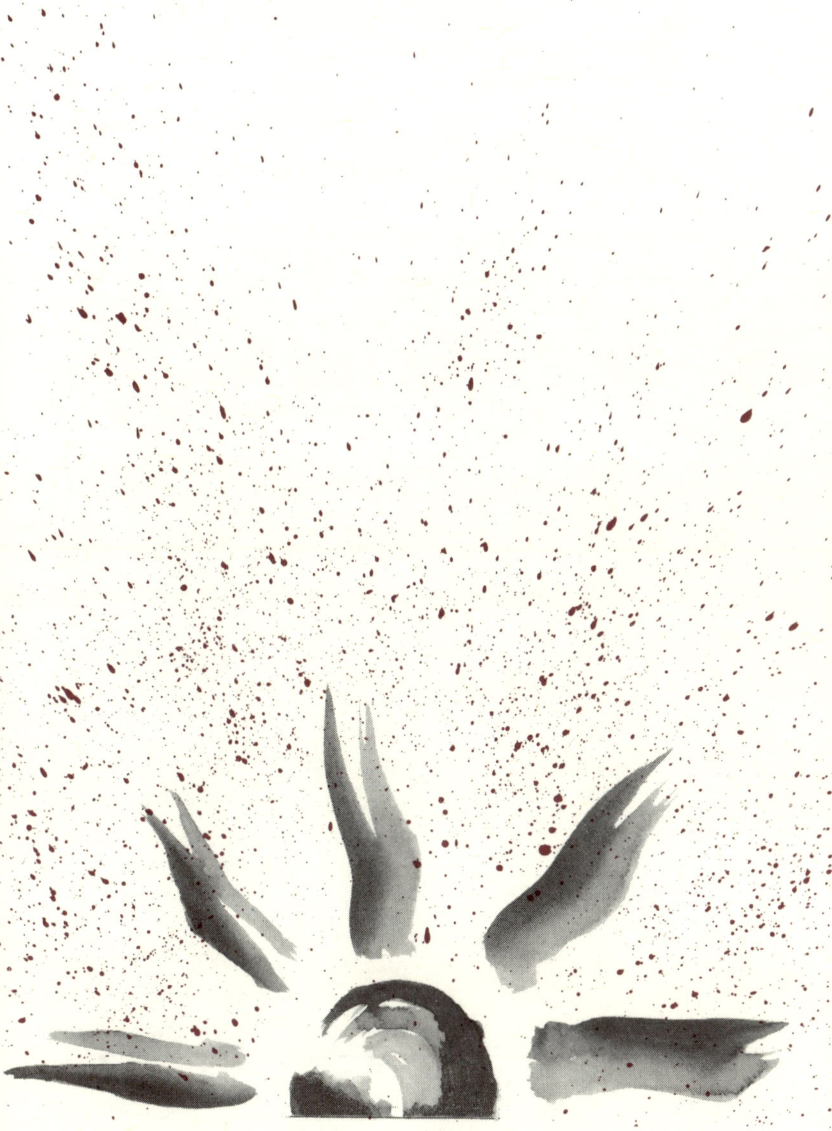

VORSPRUCH

E **D**ie Nacht ist vergangen,
der Tag ist da.
Laßt uns wachen und nüchtern sein
und abtun, was uns träge macht,
daß wir leben unter seiner Sonne
und ihn preisen, unsern Gott,
vom ersten Morgenlied an
bis zur Ruhe der Nacht.

Text: Jörg Zink
Musik: Hans-Jürgen Hufeisen
nach einer jemenitischen Melodie

2. Der Morgen ruft mit leiser Stimm:
   Was Gott dir sagt, o Mensch, vernimm!
   Höre! Höre,
   daß dich nichts beschwere.
   REFRAIN

3. Der Morgen gibt dir weiten Raum.
   Wach auf, steh auf aus Nacht und Traum.
   Singe! Singe,
   daß der Tag gelinge.
   REFRAIN

PSALM 104

E Ich will dich rühmen, mein Gott!
Wie bist du so groß!
Schönheit und Glanz sind dein Kleid.
Licht hüllt dich ein wie ein Schleier.

Du breitest den Himmel aus wie ein Zelt
und bist uns nahe in allen Räumen des Alls.
Wolken sind deine Wagen,
auf Flügeln des Windes fährst du dahin.
Fest ist die Erde, auf der wir stehen.
Du hast sie gegründet.
Du läßt Quellen rinnen
zwischen den Bergen.
Die tränken die Tiere auf dem Feld.
An den Ufern wohnen die Vögel
und singen unter den Zweigen.

Text: Jörg Zink
Musik: Hans-Jürgen Hufeisen

E Du tränkst die Berge mit deinen Wassern.
Aus deinen Wolken wird die Erde satt.
Du läßt Gras sprießen für die Tiere
und Saatgrün unter der Hand des Menschen.
Brot bringst du aus der Erde hervor
und Wein, der unser Herz froh macht.
Du hast den Mond gemacht,
der uns das Jahr teilt,
und die Sonne, die ihren Weg kennt
bis zum Niedergang.
Du schaffst die Dunkelheit.
In der Nacht regen sich die Tiere des Waldes.
Die jungen Löwen brüllen nach Nahrung
und fordern ihre Speise von dir.
Wenn die Sonne aufstrahlt,
kehren sie um und ruhen in ihren Höhlen.

Text: Jörg Zink
Musik: Hans-Jürgen Hufeisen

E Dann tritt der Mensch heraus an sein Werk
und tut seine Arbeit bis zum Abend.
Gott, unendlich reich sind deine Werke.
In Weisheit hast du sie alle geschaffen,
und die Erde ist deiner Schöpfungen voll.
Alles Preises würdig ist Gott.
Ich will ihm singen mein Leben lang.
Ich will ihm spielen, solange ich bin,
mir zur Freude und ihm zum Ruhm.

Text: Jörg Zink
Musik: Hans-Jürgen Hufeisen

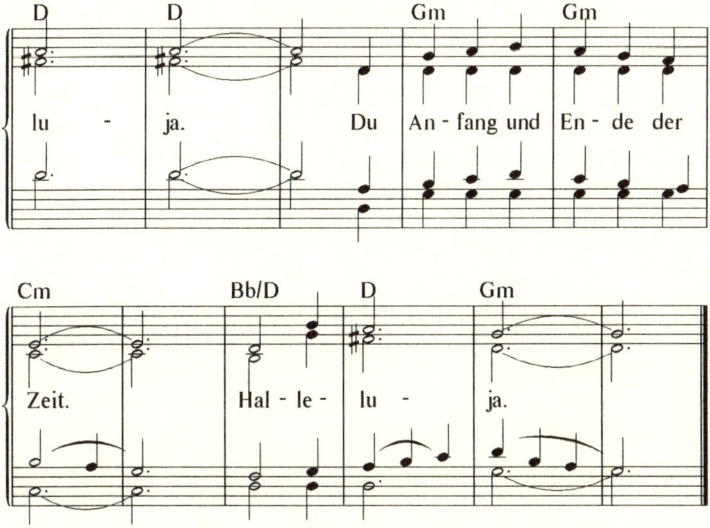

GEBET

E Du Gott des Lichts, ich preise dich,
der du der Morgen bist und der Abend,
der Anfang und das Ende der Welt.

Ich danke dir für die Ruhe der Nacht
und das Licht eines neuen Tages.
Von dir kommt alles, was geschieht.

Du lebendige Kraft,
gib deine Kraft uns, damit wir erwachen.
Du alles umfassende Weisheit,
lehre uns verstehen, wohin unser Weg führen soll.

Du schaffst Freude in den Traurigen,
Trost in den Schwermütigen,
Klarheit in den Verwirrten,
Lebenskraft in den Schwachen.
Schaffe Licht auch in uns
in der Frühe deines Tages.

Text: Jörg Zink
Musik: Giovanni Giacomo Gastoldi, 1591

2. Du hast das Leben allen gegeben,
gib uns heute dein gutes Wort.
So geht dein Segen auf unsern Wegen,
bis die Sonne sinkt, mit uns fort.
Du bist der Anfang, dem wir vertrauen,
du bist das Ende, auf das wir schauen.
Was immer kommen mag, du bist uns nah.
Wir aber gehen, von dir gesehen,
in dir geborgen durch Nacht und Morgen
und singen ewig dir. Halleluja.

LESUNG AUS
JOHANNES 1

E Im Anfang war das Wort,
das Wort war bei Gott,
und Gott war das Wort.

Was jemals entstand,
wurde durch das Wort,
das Gott sprach.
Was jemals entstand,
wurde durch seine lebendige Kraft.

Sein Leben war das Licht,
das uns Menschen leuchtet.
Das Licht scheint in der Finsternis,
und die Finsternis
konnte es nicht löschen.
Es war das wahrhaftige Licht,
das jedem Menschen leuchtet,
der in die Welt kommt.

Und das Wort wurde ein Mensch
und wohnte unter uns.
Wir sahen die Herrlichkeit,
die der Sohn hat vom Vater,
voller Gnade und Wahrheit.
Und aus seiner Fülle
haben wir alle empfangen
Gnade um Gnade.

Text: Jörg Zink
Musik: Hans-Jürgen Hufeisen

einstimmig

E Wir bedenken, was Johannes schreibt,
noch einmal mit unseren eigenen Worten:

Im Anfang schuf Gottes Wort
Himmel und Erde.
Gott sprach: Es werde Licht!
Und es ward Licht.
Gottes Geist wurde sichtbar
an Himmel und Erde.
Gottes Geist wurde faßbar
in der Welt und ihrer Ordnung.
Gottes Geist nahm Gestalt an,
und die Welt wurde schön.

Am Anfang war schaffende Kraft.
Am Anfang war gestaltender Wille,
am Anfang war klarer,
lichtvoller Geist,
und es wurde eine Welt
voll schaffender Kräfte,
voll gestaltender Energien,
voll klarer, sinnvoller Ordnungen.

Aber das Wort
war nicht nur am Anfang.
Es ist noch immer die schaffende Kraft,
das heimliche Wesen der Dinge.

Im Wort, das du sprichst, Gott,
ist das Leben,
und das Leben ist das Licht,
in dem wir stehen.
Er, Christus, ist das Licht,
das uns allen leuchtet.

Text: Jörg Zink
Musik: Hans-Jürgen Hufeisen

Kanon

E Im Anfang unseres eigenen Lebens
war das Wort,
schaffender Geist aus Gott.

Auch wir selbst kommen
aus seiner schaffenden Kraft,
aus seiner gestaltenden Kunst.

Gottes Geist gibt uns Ohr und Stimme,
und neue Schöpfung geschieht,
neuer Anfang aus dem Wort.

Im Anfang aber liegt das Ziel,
Vollendung erwartet die Schöpfung.
Im Anfang war das Wort.
Am Ende wird das Wort sein.
Das Wort kehrt zurück zu Gott,
und Gott ist aufs neue das Wort.

Alle Dinge sind durch ihn vollendet;
was jemals war, geht ein in das Wort.
In ihm ist die lebendige Kraft,
und das Leben ist das Licht aller Wesen.

Der Christus aber, der in die Welt kam,
führt sie zum Ziel.
Am Ende ist das Wort,
und alle Dinge sind vollendet in ihm.

Text: Jörg Zink
Musik: Hans-Jürgen Hufeisen

Sanctus, dreimal singen

STILLE
FLÖTE ODER GONG

GEBET

E Du Bild des Menschen, Jesus Christus.
Du Licht der Welt,
du bist der Weg, den wir heute gehen.
Du bist die Wahrheit, die uns leitet,
du bist das Leben, das wir finden.

Schöpferischer Geist, Weisheit aus Gott,
gib uns Klarheit der Gedanken,
ein empfindliches Gewissen,
das heilende Wort und das sorgsame Tun.

Du barmherziger Gott,
wir bitten dich für alle, denen wir heute begegnen,
für alle, die in uns dich suchen,
für alle, die heute um uns sind.

A Vater unser im Himmel!
Geheiligt werde dein Name.
Dein Reich komme.
Dein Wille geschehe,
wie im Himmel, so auf Erden.
Unser tägliches Brot gib uns heute.
Und vergib uns unsere Schuld,
wie auch wir vergeben unsern Schuldigern.
Und führe uns nicht in Versuchung,
sondern erlöse uns von dem Bösen.
Denn dein ist das Reich und die Kraft
und die Herrlichkeit in Ewigkeit. Amen.

Tanzlied (s. S. 190)

Text: Jörg Zink
Chorsatz: Johann Sebastian Bach, 1685–1750

SEGEN (s. S. 181)

A Du Quelle des Segens, segne uns.
Du Quelle der Kraft, stärke uns.
Du Quelle der Liebe, wecke uns,
alle deine Geschöpfe zu lieben.

E So spricht der dreieinige Gott euch zu:

Ihr seid gesegnet.
Ich gebe euch Kraft.
Ich erwecke euch zur Liebe.
Geht nun und tut,
was die Liebe euch heißt.
Ich werde bei euch sein
diesen ganzen Tag.

A Amen.

Alternativen

Text: Jörg Zink
Musik: Volkslied – Die beste Zeit

2. Du gibst der Welt das Sonnenlicht,
die Freude und die Zuversicht.
Mach licht das Herz, so sind wir dein
als deines Lichtes Widerschein.

3. Du gibst uns deinen guten Geist,
den Tröster, der uns trösten heißt.
So tu durch unser Wort dich kund,
und wir sind deines Geistes Mund.

4. Wirf aus durch uns des Friedens Saat,
stärk uns den Mut und hilf zur Tat,
so geht dein Segen aus ins Land
durch deine Hand und unsre Hand.

Text: Jörg Zink
Musik: Melchior Vulpius, 1560–1615

MITTAGSGEBET

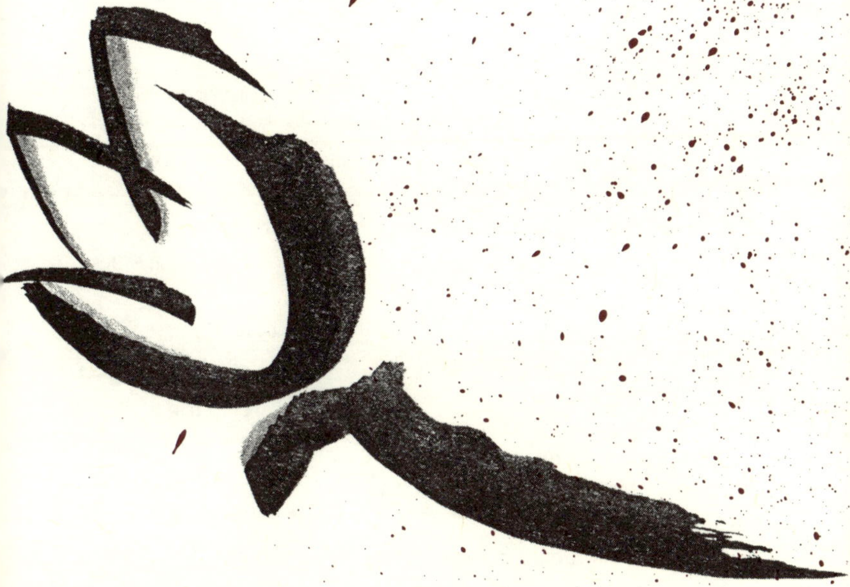

VORSPRUCH AUS JEREMIA 17

E Gesegnet ist der Mensch,
der sich auf Gott verläßt.
Er ist wie ein Baum, am Wasser gepflanzt,
der seine Wurzeln zum Bach hinstreckt.
Er fürchtet sich nicht in der Hitze,
und seine Blätter bleiben grün.
Er sorgt sich nicht im dürren Jahr,
sondern bringt Früchte zu jeder Zeit.

Text: Jörg Zink
nach Psalm 139
Musik: Hans-Jürgen Hufeisen

2. Was je in mir geschieht in Furcht und Hoffen,
vor deinen Augen liegt es alles offen.
Was sich auch regt in Lieben oder Sorgen,
ich bin geborgen.

3. Will ich entrinnen dir auf tausend Wegen,
so kommst du mir bei jedem Schritt entgegen.
Schwing ich hinauf mich, wo die Sterne gehen,
ich bin gesehen.

4. Nehme ich Flügel wie die Morgenröte,
so bin ich doch, wohin der Wind mich wehte,
und sei es an der Meere fernsten Stränden,
in deinen Händen.

5. Will ich im Tod mich deiner Hand entwinden,
so werd ich dort in dir mich wiederfinden,
du wirst mich, stürz ich auch in Angst und Bangen,
mit Lieb umfangen.

6. Und machst du einst ein Ende meinen Wegen,
so will ich mich in deine Arme legen.
Dann werde ich, nichts wird den Frieden stören,
dir ganz gehören.

PSALM 23
KANN AUCH ZWISCHEN DER VIERTEN UND FÜNFTEN STROPHE DES LIEDES „GOTT DU GEHEIMNIS" GESPROCHEN WERDEN.

E Gott ist mein Hirte,
mir wird nichts mangeln.
Er weidet mich auf einer grünen Aue
und führt mich zum frischen Wasser.

Er erquickt meine Seele.
Mein Weg ist ohne Gefahr,
denn er selbst ist es,
der mich leitet.

Und wanderte ich im finstern Tal,
so fürchte ich kein Unglück,
denn du bist bei mir.
Du gibst mir Frieden.

Du deckst meinen Tisch
in deinem Haus,
in das kein Feind mir folgt,
keine Schuld und kein Fluch.

Du machst meine Seele rein
und schmückst mich festlich.
Der Becher, den ich trinke,
fließt über von erfrischendem Trank.

Mit Güte und Freundlichkeit
umgibt mich Gott, solange ich lebe,
und ich habe Wohnrecht in seinem Haus
jetzt und in Ewigkeit.

GEBET

E Ewiger, heiliger, geheimnisreicher Gott;
wir kommen zu dir.
Wir möchten dich hören, dir antworten.
Vertrauen möchten wir dir und dich lieben,
dich und alle deine Geschöpfe.
Sei bei uns, damit wir bei dir sind,
Tag um Tag.
Dir wollen wir gehören,
dir wollen wir danken,
dich wollen wir rühmen.

Text: Jörg Zink
Musik: Hans-Jürgen Hufeisen

E In dir sein, unser Gott, das ist alles.
Das ist das Ganze, das Vollkommene, das Heilende.
Wir brauchen nicht zu reden, damit du uns hörst.
Wir brauchen nicht aufzuzählen, was uns fehlt.
Wir brauchen dich nicht zu erinnern
oder dir zu sagen, was in dieser Welt geschieht
und wozu wir deine Hilfe brauchen.

In dir sein, Gott, das ist alles,
was wir uns erbitten.
Damit haben wir alles erbeten,
was wir brauchen für Zeit und Ewigkeit.

Text: Jürg Zink (nach Psalm 23)
Musik: Clement Cotteril Scholefield 1874
aus: Der Tag, mein Gott, ist nun vergangen

2. Er gibt den Geist mir und das Leben,
der Erde Kraft, des Himmels Tau.
So geh ich, von ihm selbst umgeben,
den Weg, dem ich mich anvertrau.

3. Und wenn einmal die Schatten fallen
und find ich keinen sichern Stand,
so weiß ich doch: ich bin mit allen,
die leiden, fest in seiner Hand.

4. So will ich bis ans Ende wandern,
bis ich die offne Türe find.
Der Tisch lädt ein, mich und die andern,
die dort mit mir zu Hause sind.

5. Was also soll ich ängstlich sorgen?
Ich traue ihm, daß er mich sieht.
Ich bin in ihm an jedem Morgen
und rühme ihn mit meinem Lied.

E Ich sehe dich vor mir, Christus,
Bruder, Meister, Zeichen von Gott.
Ich höre dein Wort.
Du meinst mich.
Du sprichst von mir und sagst:
Du wirst selig sein!
Glücklich wirst du sein, begnadet.
Dein Leben wird seinen Sinn finden.

LESUNG AUS MATTHÄUS 5

E Selig sind, die arm sind vor Gott
und alles von ihm erwarten.
Ihnen öffnet sich Gottes Güte.
Selig sind die Armen,
denn in ihnen wirkt seine Liebe.

Text: Jörg Zink
Musik: Hans-Jürgen Hufeisen

Kanon, einstimmig

E Selig sind, die Leid tragen,
denn sie sollen getröstet werden.
Selig, die ihr Leid hilflos erleiden,
und selig, die es tragen
mit der Kraft deiner Liebe.
Selig sind sie, denn du leidest in ihnen.
Gib uns im Leid deine Liebe,
so sind wir dein.

Selig, die geduldig sind und freundlich,
denn sie werden die Erde besitzen.
Selig, die hoffen können, bis Frucht wächst,
die deiner schaffenden Kraft vertrauen
und keiner Gewalt bedürfen.

Selig sind, die hungert und dürstet
nach deiner Gerechtigkeit,
denn sie sollen satt werden.
Sie werden denen Gerechtigkeit schaffen,
die das Brot suchen und die Freiheit.

Text: Jörg Zink
Musik: Hans-Jürgen Hufeisen

Kanon

E Selig sind die Barmherzigen,
denn sie werden Barmherzigkeit erlangen.
Glücklich, die die Wehrlosen schützen,
die ein Ohr haben für die Verzweiflung,
ein Auge für die wortlose Klage,
eine Hand für die hilflose Schwäche.
Mach uns barmherzig,
denn nichts sind wir
ohne deine Barmherzigkeit.

Selig sind, die Frieden schaffen,
denn sie sind Söhne und Töchter Gottes.
Selig, die ihre Vorurteile aufgeben
und nicht danach fragen, ob sie im Recht sind.
Selig die Schutzlosen, deren Hände schützen.
Sie spiegeln dich auf dieser Erde.

Text: Jörg Zink
Musik: Hans-Jürgen Hufeisen

Sanctus, dreimal singen

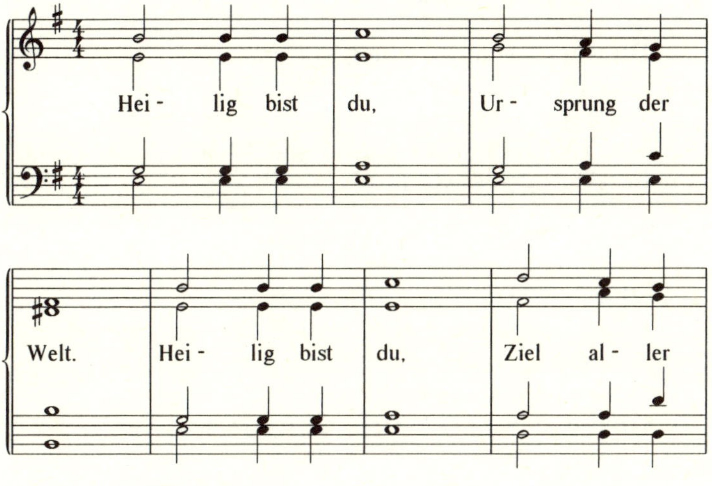

STILLE FLÖTE ODER GONG

GEBET

E Ich danke dir, Christus, daß ich frei bin.

Du warst gefangen und bist frei,
und ich bin es mit dir.
Als freien Menschen hast du mich geschaffen,
und zur Freiheit der Söhne und Töchter Gottes
hast du mich bestimmt.

Du warst gefangen und bist frei,
und ich bin es mit dir.
Ich bin nicht mehr, was ich war.
Ich bin nicht mehr, was ich von mir selbst weiß,
sondern was du aus mir gemacht hast.
Du forderst keine Leistung.
Du verurteilst mich nicht wegen meines Versagens.
Ich bin dein.

Ich danke dir, Christus,
jetzt und in Ewigkeit.

A Vater unser im Himmel!
Geheiligt werde dein Name.
Dein Reich komme.
Dein Wille geschehe,
wie im Himmel, so auf Erden.
Unser tägliches Brot gib uns heute.
Und vergib uns unsere Schuld,
wie auch wir vergeben unsern Schuldigern.
Und führe uns nicht in Versuchung,
sondern erlöse uns von dem Bösen.
Denn dein ist das Reich und die Kraft
und die Herrlichkeit in Ewigkeit. Amen.

(Chorsatz S. 150)

Text: Jörg Zink
Musik: Hans-Jürgen Hufeisen

2. Der Schöpfer aller Welt verleihe,
daß uns sein Schaffen ganz durchdringt,
daß gute Frucht an uns gedeihe
und unser Werk durch ihn gelingt.

3. Mit seinem Quell mög er uns tränken,
aus dem sein Geist wie Wasser quillt,
uns mit der Liebe Kraft beschenken –
so sind wir wieder Gottes Bild.

SEGEN

E Gott gehe dir voraus, Schwester und Bruder,
und zeige dir den rechten Weg.

Gott sei nahe bei dir
und lege seinen Arm um dich.

Gott sei hinter dir,
dich gegen alle dunkle Macht zu bewahren.

Er sei unter dir,
dich aufzufangen, wenn du fällst.

Er sei neben dir,
dich zu trösten, wenn du traurig bist.

Gott sei in dir,
dich zu heilen.

Er sei um dich her,
dich zu schützen in der Angst.

Er sei über dir
wie die Sonne am Himmel
und stärke dich mit seiner Kraft.

A SEGEN (s. S. 181)

E Amen.
So will es Gott,
der von Ewigkeit zu Ewigkeit bleibt.
So steht es fest nach seinem Willen
für dich.

Alternative

Text: Jörg Zink
Musik und Chorsatz: Hans-Jürgen Hufeisen

2. In dir liegt meines Weges Sinn.
In dir soll alles, was ich bin
und was ich tun will, gründen.
In dir ist meiner Mühe Ziel.
Von dir will ich mit Fest und Spiel
in dunklen Zeiten künden.
Wenn du mich einst von mir befreit,
dann soll in deine Herrlichkeit,
was immer mein war, münden.

ABENDGEBET

VORSPRUCH

E Unser Abendgebet steige auf zu dir, Gott,
und es senke sich auf uns herab dein Erbarmen.
Dein ist der Tag und dein ist die Nacht,
laß, wenn des Tages Licht verlischt,
das Licht deiner Wahrheit uns leuchten.
Geleite uns zur Ruhe der Nacht
und dereinst zur ewigen Vollendung
in deiner Barmherzigkeit.

Text: Jörg Zink
Musik: Hans-Jürgen Hufeisen

Tanzlied (s. S. 192)

PSALM 63

E Mein Gott, dich suche ich.
Meine Seele verlangt nach dir.
Ich dürste nach dir
wie trockenes Land nach dem Regen.
Ich schaue nach dir,
deine Nähe zu erfahren.
Denn deine Güte allein
gibt meinem Leben Sinn.

So will ich dich rühmen mein Leben lang
und meine Hände ausstrecken
nach dir, der so nahe ist,
und dich mit ganzem Herzen preisen.
Wenn ich mich zu Bette lege,
so denke ich an dich.
Wenn ich wach liege,
sinne ich deinem Geheimnis nach.
Denn du bist mein Helfer,
in deinem Schutz bin ich glücklich.
Meine Seele hängt an dir,
und deine Hand ist mein Halt.

Text: Jörg Zink
Musik: Hans-Jürgen Hufeisen

GEBET

E Der Tag ist vergangen.
Was wir zu tun hatten, ist getan.

Du bist nahe.
Nimm alle Hast von uns.
Die Unruhe unserer Gedanken
und das Hin und Her in unseren Herzen.
Wir möchten dir stillhalten,
der so nahe ist.

Unter deinem Schutz
haben wir diesen Tag vollendet.
Wir danken dir für alles,
was du hast gelingen lassen.
Segne, was gewesen ist.

Tanzlied (s. S. 190)

Text: Jörg Zink
Musik: Hans-Jürgen Hufeisen

E Der Tag ist vergangen.
Laß ihn vergangen sein,
und laß uns bleiben in dir.

In deine Hände befehlen wir unseren Geist.
Du hast uns erlöst, du treuer Gott.
Wir preisen dich,
der war, der ist und der kommt.
In deine Hände befehlen wir unseren Geist,
jetzt und in Ewigkeit.

Text: Jörg Zink
Musik: ostpreußische Voksmelodie

2. Bleibe bei uns, wenn der Tag sich endet.
Bleibe bei uns, wenn der Tod uns findt.
Wenn die Welt sich ins Verderben wendet,
gib, daß wir in dir geborgen sind.

3. Bleibe bei uns, daß die Nacht uns hüte,
bis das Herz in dir den Morgen fand,
daß wir in dir sind, in deiner Güte
und in Ewigkeit in deiner Hand.

LESUNG PSALM 139

E Gott, du erforschest mich und kennst mich.
Ich sitze oder stehe auf, so weißt du es,
du verstehst meine Gedanken von ferne.

Ich gehe oder liege, so bist du um mich
und siehst alle meine Wege.
Ja, es ist kein Wort auf meiner Zunge,
das du, Gott, nicht wüßtest.

Von allen Seiten umgibst du mich
und hältst deine Hand über mir.
Das ist zu wunderbar, zu unbegreiflich,
zu hoch für meine Gedanken.

Wohin soll ich gehen vor deinem Geist?
Wohin fliehen vor deinem Angesicht?
Steige ich zum Himmel, so bist du da,
verberge ich mich im Tode,
so bist du auch dort.

Nehme ich Flügel der Morgenröte
und bleibe am äußersten Meer,
so wird deine Hand mich finden
und deine Rechte mich fassen.

Spreche ich: Dunkel möge mich decken
und Nacht statt Licht um mich sein,
so ist auch Finsternis nicht finster für dich,
und die Nacht leuchtet wie der Tag.

Kanon, einstimmig

Text: Jörg Zink
Musik: Hans-Jürgen Hufeisen

E Gott, deine Gedanken sind so schwer und groß,
wie gewaltig ist ihre Zahl.
Wollte ich sie zählen, so wäre es,
als zählte ich die Sandkörner am Meer.

Und schliefe ich darüber ein,
so zählte ich weiter im Traum
und merkte erwachend, daß ich weiterzählte
und an kein Ziel kam.

Erforsche mich, Gott, und erkenne mein Herz,
auch, was mir selbst in mir verborgen ist,
damit ich nicht, ohne es zu wissen,
auf dem Wege des Unheils bin.

Leite mich, daß ich mein Ziel finde,
jetzt und in Ewigkeit.

Kanon

Text: Jörg Zink
Musik: Hans-Jürgen Hufeisen

E Wir hören Psalm 139 noch einmal mit anderen Worten:

Mein Gott, du siehst in mein Herz.
Du kennst mich.
Wie schön, daß du mir nahe bist
und ich geborgen bin bei dir.

Du siehst meine Sorge und Angst.
Du siehst alle meine Fluchtwege,
du hörst alle meine Ausflüchte,
mit denen ich verbergen will, was ist.

Du siehst mich, wenn ich träume
von großen Dingen, die ich tun will,
und wenn ich versage dort,
wo ich das Notwendige tun soll.

Keinen Schritt kann ich tun,
den du nicht begleitest.
Kein Wort kann ich reden,
das du nicht hörst, ehe es laut wird.

Wie in zwei großen Händen
hältst du mich.
Ich bin darin geborgen
wie ein Vogel im Nest.

Und manchmal fürchte ich,
ich sei dein Gefangener
wie ein Vogel im Käfig.

Manchmal, o Gott, ist mir bange
vor deiner Hand, die mich hält;
ich möchte ihr gerne entrinnen
und frei sein.

Ich wünsche mir,
ans Ende der Erde zu fliegen
oder in die Weite des Raums,
und bleibe doch in deinen großen Händen.

Ich zweifle, daß mein Leben Sinn hat,
und möchte es von mir werfen:
aber auch bei den Toten bist du,
und wieder bin ich in deiner Hand.

Ich fürchte das Licht
und verberge, was ich tat.
Aber das Dunkel ist Licht für dich
und die Nacht hell wie der Tag.

Mein Gott, du siehst in mein Herz.
Du kennst mich.
Wie gut, daß du mir nah bist
und ich geborgen bin bei dir.

Sanctus, dreimal singen

Text: Jörg Zink
Musik: Hans-Jürgen Hufeisen

STILLE
FLÖTE ODER GONG

GEBET

E Du Gott der Güte, ich denke vor dir
an all die Menschen
für die nun die Nacht kommt.

Ich bitte dich um Kraft
für alle, die jetzt unterwegs sind
oder ihre Arbeit tun.

Ich bitte dich um deine Nähe
für die Kranken,
die Schwermütigen,
die Verlassenen,
die Gefangenen.

Du wachst
mit den Wachenden.
Du bist der Schlaf
der Schlafenden,
und die Sterbenden
leben in dir.

Bleibe bei uns, Gott,
denn es will Abend werden,
und der Tag hat sich geneigt.

Bleibe bei uns und bei allen Menschen.
Bleibe bei uns am Abend des Tages,
am Abend des Lebens, am Abend der Welt.

Bleibe bei uns mit deiner Gnade und Güte,
mit deinem Wort und Sakrament,
mit deinem Trost und Segen.

Bleibe bei uns, wenn über uns kommt
die Nacht der Trauer und der Angst,
die Nacht des Zweifels und der Ratlosigkeit,
die Nacht des Todes.

Beibe bei uns und bei allen deinen Kindern
in Zeit und Ewigkeit.

A Vater unser im Himmel!
Geheiligt werde dein Name.
Dein Reich komme.
Dein Wille geschehe,
wie im Himmel, so auf Erden.
Unser tägliches Brot gib uns heute.
Und vergib uns unsere Schuld,
wie auch wir vergeben unsern Schuldigern.
Und führe uns nicht in Versuchung,
sondern erlöse uns von dem Bösen.
Denn dein ist das Reich und die Kraft
und die Herrlichkeit in Ewigkeit. Amen.

Tanzlied (s. S. 192)

Text: Jörg Zink
Musik: Hans-Jürgen Hufeisen

SEGEN (Segensgeste s. S. 182 und 175)

A Du Ursprung des Friedens, segne uns.
Du Ursprung der Kraft, segne uns.
Du Ursprung der Liebe, segne uns.

E Gott,
der Ursprung
und Vollender aller Dinge,

segne dich,
gebe dir Glück und Gedeihen
und Frucht deiner Mühe,

und behüte dich,
sei dir Schutz in Gefahr
und Zuflucht in Angst.

Er lasse leuchten sein Angesicht über dir,
wie die Sonne die Erde wärmt
und Freude gibt dem Lebendigen,

und sei dir gnädig.
Er löse dich von allem Bösen
und mache dich frei.

Er sehe dich freundlich an,
er sehe dein Leid,
er heile und tröste dich.

Er gebe dir Frieden,
das Wohl des Leibes
und das Heil der Seele.

Amen.
Gott will es.
Gott selbst.

So steht es fest
nach seinem Willen
für dich.

Alternativen

Text: Jörg Zink
Musik und Chorsatz: Hans-Jürgen Hufeisen

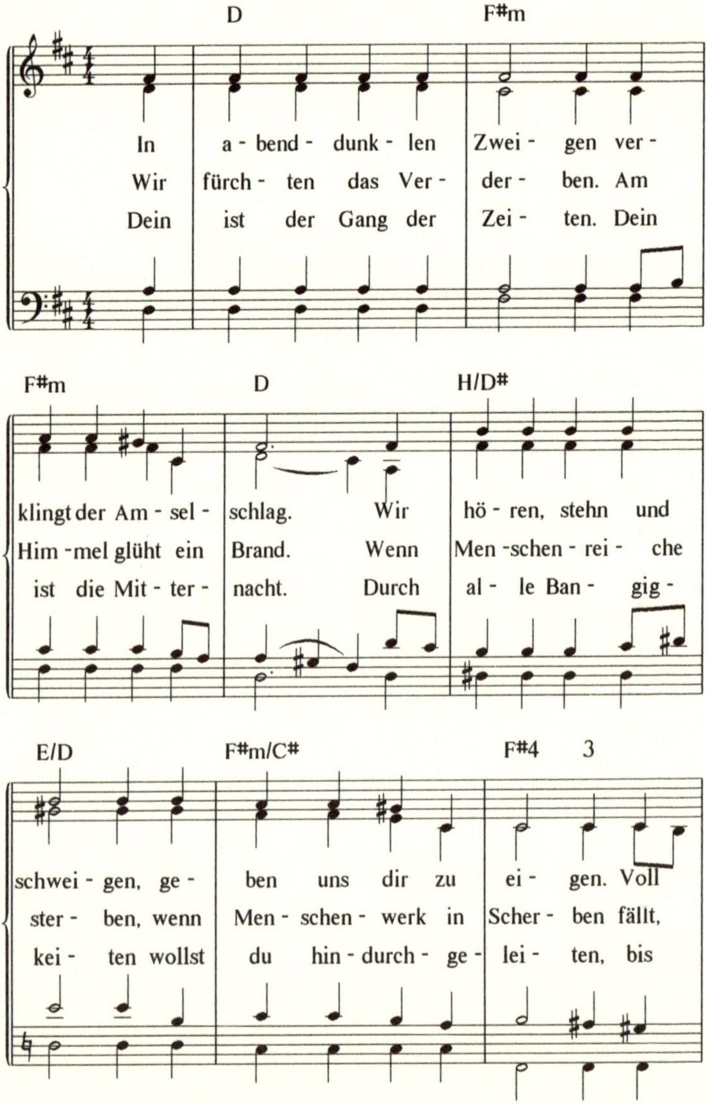

Text und Musik: Hans-Jürgen Hufeisen

2. Die Liebe sieht weit.
Herzen leben,
Herzen vergeben
im Fluß der Zeit.
Aus der Ruhe der Nacht
wächst ein neuer Tag.

3. Die Hoffnung hat Raum.
Sorgen fassen,
Sorgen entlassen,
traue dem Traum.
Aus der Ruhe der Nacht
wächst ein neuer Tag.

4. Ein Stern zieht vorbei.
Menschen wachen,
Menschen erwachen,
das Land wird frei.
Aus der Ruhe der Nacht
wächst ein neuer Tag.

5. Der Morgen wird wahr.
Worte segnen,
Worte begegnen,
Zukunft ist da.
Aus der Ruhe der Nacht
wächst ein neuer Tag.

Text: Jörg Zink
Musik: Hans-Jürgen Hufeisen

2. Die Nacht ist tief. Sie hält das Herz gefangen.
Wo wir auf dunklen Wegen irrgegangen,
führ du uns selbst, daß neu dein Tag beginnt
und wir von deinem Licht durchdrungen sind.

3. Die Nacht ist bang. Gib uns, daß Frieden werde.
Sieh diese arme, leidzerrissne Erde!
Du Gott des Friedens, ende allen Streit.
Mach uns zu Friedensboten dieser Zeit.

4. Es kommt dein Morgen. Bleib mit deiner Güte
bei allen Menschen. Schütze und behüte,
was du erschaffen, bis dein Tag anbricht
und wir dich schaun, dich und dein helles Licht.

ABENDGEBET

IM

ADVENT

VORSPRUCH AUS JESAJA 60 UND 9

E Wir warten und hoffen
im Namen des Christus,
der in diese Welt kam, Frieden zu bringen,
den Frieden, der aus Gott ist.

Der Prophet Jesaja schreibt:
Steh auf! Freue dich! Dein Licht kommt.
Schau hin: Finsternis bedeckt die Erde
und Dunkel die Völker.
Aber über dir geht Gottes Licht auf,
und sein Glanz erscheint über dir.

Das Volk, das im Finstern lebt,
sieht ein großes Licht.
Über dem dunklen Lande der Angst
scheint es hell.
Denn uns ist ein Kind geboren,
ein Sohn ist uns gegeben.
Er wird sein Reich aufrichten,
und des Friedens wird kein Ende sein.

Text: nach Johannes Tauler um 1300–1361
von Daniel Sudermann, 1550–1631
Musik: Köln 1608

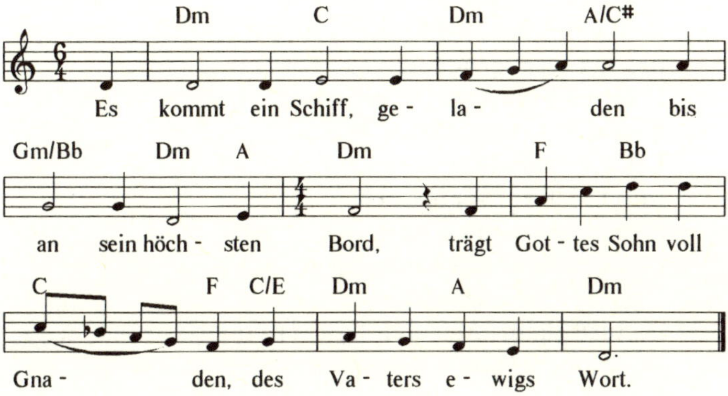

2. Das Schiff geht still im Triebe,
es trägt ein teure Last,
das Segel ist die Liebe,
der heilig Geist der Mast.

3. Der Anker haft auf Erden,
da ist das Schiff am Land.
Das Wort tut Fleisch uns werden,
der Sohn ist uns gesandt.

LESUNG AUS MICHA 4 UND 5

E Am Ende der Tage wird es geschehen:

Gott wird Gerechtigkeit schaffen
zwischen den Völkern.
Er wird Recht aufrichten,
wo die Mächtigen herrschen.

Sie werden ihre Schwerter
umschmieden zu Pflugscharen
und ihre Lanzen
zu Winzermessern.
Kein Volk wird wider das andere
das Schwert erheben.
Niemand wird mehr lernen,
wie man Krieg führt.
Jeder wird ruhen
unter seinem Weinstock,
unbedroht von Gewalt.
Gottes Mund hat es geredet.
Und du, Bethlehem!
du bist klein unter den Städten Judas.
Aber aus dir soll der kommen,
der den Weg zum Frieden zeigt,
den uralten Weg, den Gott ebnete
seit den Tagen der Urzeit.

Text: Jörg Zink
Musik: Hans-Jürgen Hufeisen

PSALM 131

E Mein Herz, o Gott,
will nicht Ansehen, nicht Macht.

Ich schaue nicht nach Ruhm aus
und nicht nach Reichtum.

Ich lasse mich nicht von großen Plänen treiben
und nicht von Träumen über große Dinge.

Sie sind zu wunderbar für meinen Geist.
Ich taste dein Geheimnis nicht an.

Mein Herz ist still,
und Frieden ist in meiner Seele.

Wie ein gestilltes Kind bin ich,
das bei seiner Mutter schläft.

Wie ein gesättigtes Kind,
so ist meine Seele still in mir.

Ich vertraue allein dir,
heute und in Ewigkeit.

Tanzlied (s. S. 190)

Text: Jörg Zink
Musik: Hans-Jürgen Hufeisen

GEBET

E Gott, du Verborgener,
wir preisen dich um deiner Nähe willen,
um des Lichts willen, das diese Nacht erhellt.

Wir preisen dich um des Geheimnisses willen,
das du in diese Welt eingesenkt hast.
Wir preisen dich, daß wir dich schauen
im Angesicht unseres Bruders Jesus Christus.

Wir preisen dich,
der Frieden gibt allen, die den Frieden suchen.
Du selbst bist der Friede.
Kehre ein in unsere Herzen
in der Stille der Nacht.

Tanzlied (s. S. 190)

Text: Jörg Zink
Musik: Hans-Jürgen Hufeisen

E Wir wissen nicht, du Kind, du Meister,
warum wir leben und wofür.
Wir suchen Auswege aus dem Leid
und Elend dieser Erde.
Wir suchen nach einer Hoffnung.
Wir suchen nach einer Kraft,
die unser Herz wandelt,
und nach neuen Gedanken, die retten können.

Wir stehen vor dir, dein Geheimnis anzubeten,
dir die Tore zu öffnen zu unserem Herzen.
Du kamst zu uns in jenem Kind,
das in Bethlehem in unsere Welt kam.

Komm nun zu uns, die wir vor dir stehen.
Durchdringe uns, erfülle uns, tröste uns.
Nichts ist wichtig in dieser Stunde,
als daß du da bist und wir dich erkennen.
Wir danken dir, daß du kommst.

(Chorsatz S. 85 f.)

Text: Jörg Zink
Musik: Hans-Jürgen Hufeisen

2. Den Armen der Erde erscheint ein Stern.
Der Schwermut leuchtet ein Licht von fern.
Die Einsamen finden Krippe und Kind,
durch Dunkelheit geht, wer das Heil gewinnt.
Gloria

3. Du Bote des Himmels, du Trost im Leid,
du Bruder in unsrer Einsamkeit.
Du wehrloses Kind, das Höllen bezwingt,
gib du uns die Kraft, die aus Gott entspringt.
Gloria

LESUNG AUS JESAJA 40 UND 54

E Wendet euren Blick nach oben, die ihr Gott sucht,
und tut eure Augen auf!
Wer hat all das geschaffen?
Er führt das Heer der Sterne über den Himmel
und ruft sie alle mit Namen.
Nicht einer von ihnen geht ihm verloren.

Warum sagt denn nur ihr Menschen:
Gott sieht nicht, wohin mein Weg geht?
Gott weiß nichts von meinem Elend?

Wißt ihr nicht? Habt ihr nicht gehört?
Der ewige Gott
hat auch die fernsten Flecken der Erde geschaffen.
Er wird nicht müde noch matt.

Er gibt dem Müden Kraft,
und dem Ohnmächtigen verleiht er Stärke.
Junge Männer werden müde und matt.
Die Krieger straucheln und fallen.
Aber die ihre Hände nach ihm ausstrecken,
empfangen immer neue Kraft,
daß ihnen Schwingen wachsen wie dem Adler,
daß sie laufen und nicht ermatten,
daß sie wandern und nicht müde werden.

Gott ruft euch,
wie einer eine verlassene, betrübte Frau ruft,
die er geliebt hat
und die er nicht allein lassen will.

Denn so spricht er:
Berge werden hinsinken, Hügel werden schwinden.
Aber meine Freundlichkeit soll bei euch bleiben,
und meine Freude soll beständig sein
und euch halten und umfassen.
Barmherzig will ich sein, spricht Gott.

Text: Jörg Zink
Musik: Hans-Jürgen Hufeisen

Kanon

LESUNG AUS JESAJA 42

E Ich werde meinen Boten zu euch senden,
den ich liebe.
Ich habe ihm von meinem Geist gegeben.
Er soll die Wahrheit unter die Völker hinaustragen,
damit Gerechtigkeit auf der Erde geschieht.
Er wird das geknickte Rohr nicht zerbrechen
und den glimmenden Docht nicht auslöschen.

So spricht Gott: Du bist mein Bote.
Ich habe dich unter die Menschen gesandt,
daß du sie zu mir bringst
und meine Barmherzigkeit zu ihnen.
Ich habe dich zu einem Licht gemacht
für die Völkerwelt.
Du wirst den Blinden die Augen öffnen,
die Gefangenen aus dem Gefängnis führen
und aus dem Kerker alle,
die in der Finsternis sind.

Text: Jörg Zink
Musik: Hans-Jürgen Hufeisen

Sanctus, dreimal singen

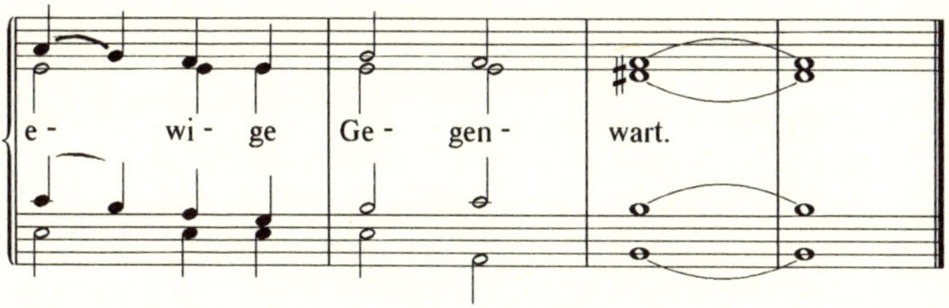

STILLE
FLÖTE ODER GONG

GEBET

E Du bist bei uns, Gott, du Ewiger,
der du vor aller Zeit bist und nach aller Zeit.
Du bist uns erschienen in der Mitte der Nacht.
Du zeigst uns, was der Sinn dieses Lebens sei.
Du eröffnest uns deinen Willen
und unseren Auftrag.
Du deutest uns deine Gedanken
in dem Weg, der mit diesem Kind beginnt.
Kehre nun ein in unsere Herzen,
durchdringe uns.
Dringe aus uns hervor,
mach uns zu Boten deines Lichts
und deines Friedens.
Daß wir unseren Weg finden zu allen,
die deines Lichts und deines Friedens bedürfen.
Mach uns zu lebendigen Zeichen
deiner Gegenwart,
wo immer die Gewalt regiert,
die Angst und das Leid.
Dein sind wir im Dunkel dieser Welt
und in Ewigkeit.

A Vater unser im Himmel!
Geheiligt werde dein Name.
Dein Reich komme.
Dein Wille geschehe,
wie im Himmel, so auf Erden.
Unser tägliches Brot gib uns heute.
Und vergib uns unsere Schuld,
wie auch wir vergeben unsern Schuldigern.
Und führe uns nicht in Versuchung,
sondern erlöse uns von dem Bösen.
Denn dein ist das Reich und die Kraft
und die Herrlichkeit in Ewigkeit. Amen.

Text: Vers 1 und 2: Köln 1599
Vers 3: Berlin 1853

Tanzlied (s. S. 190)

2. Das Röslein, das ich meine,
davon Jesaja sagt,
hat uns gebracht alleine
Marie, die reine Magd;
aus Gottes ewgem Rat
hat sie ein Kind geboren
wohl zu der halben Nacht.

3. Das Blümelein so kleine,
das duftet uns so süß;
mit seinem hellen Scheine
vertreibts die Finsternis:
Wahr Mensch und wahrer Gott,
hilft uns aus allem Leide,
rettet von Sünd und Tod.

SEGEN (Segensgeste s. S. 182 f.)

E Und so sollen im Namen des Friedens,
der aus Gott ist, gesegnet sein
die Völker aller Rassen,
die Menschen aller Länder.
Es sollen gesegnet sein
Himmel und Erde,
Wolf und Lamm, Falke und Taube.
Es sollen gesegnet sein
Freund und Feind,
damit sie Brüder werden
und Schwestern.
Es sollen gesegnet sein
Schwarze und Weiße,
Menschen aus West und Ost,
damit sie Frieden schließen
und Freundschaft, ein für allemal.

Es sollen gesegnet sein
Christen und Atheisten,
Moslems und Hindus,
Heiden und Sektierer,
damit sie eins werden in Gott.
Es sollen gesegnet sein
die Unwissenden und die Weisen
und die Weisheit Gottes rühmen.

Gott segne euch,
und ihr sollt ein Segen sein
für die bedrohte Welt
und die Menschen dieser Erde.
Der Friede Gottes sei mit euch
und mit allen Menschen. Amen.

Alternative

Text: Jörg Zink
Musik und Chorsatz: Hans-Jürgen Hufeisen

F Refrain D/F# G Am
Glo - ri - a, Glo - ri - a, Glo - ri - a, Glo - ri - a,
F C/G G F D/F#
Licht du in der Dun - kel - heit. Glo - ri - a, Glo - ri - a,
Licht in Dun - kel - heit.
G Am G C
Glo - ri - a, Glo - ri - a, Lie - be in der Ar - mut Kleid.

ABENDGEBET

IN DER

PASSIONSZEIT

VORSPRUCH AUS LUKAS 9

E Sie gingen die Straße,
die von Galiläa nach Jerusalem führt,
Jesus und seine Freunde.
Da nahm er die Zwölf beiseite und sprach:
„Seht, wir gehen nach Jerusalem.
Dort wird der Sohn des Menschen
den Priestern und Schriftgelehrten übergeben werden.
Sie werden ihn anspeien, geißeln und töten.
Nach drei Tagen aber wird er auferstehen.

Wer zu mir gehören will
und mir folgen auf meinem Weg,
der denke nicht an sich selbst
und sehe von seinem eigenen Leben ab.
Er nehme das Kreuz auf die Schultern,
an das sie ihn hängen werden,
und folge mir.
Wer sein Leben retten will, wird es verlieren.
Wer aber sein Leben verliert auf meinem Weg,
wird es finden.

Text: Jörg Zink
Musik: aus dem Zupfgeigenhansl

2. Um manches Fenster weht es kalt,
und viele sind verlassen.
Die wirst du freundlich, wirst du bald
in deine Arme fassen.

3. Ja, Mensch und Tier und Blum und Baum
wirst du mit Trost erfüllen,
in guten Schlaf, in sanften Traum
wie einen Mantel hüllen.

4. Du gehst wie Windhauch durch die Nacht
und hüllst uns in dein Schweigen.
Du hast die Nacht uns zugedacht,
um uns das Licht zu zeigen.

5. Du gehst wie fremd durch diese Zeit,
da uns die Ängste treiben.
Gib uns den Mut, mach uns bereit,
auf deinem Weg zu bleiben.

KLAGE

E Du Mann der Schmerzen,
der du gestorben bist
an der Starre der Herzen,
an der Gewalttat und am Unrecht,
am Streit zwischen den Menschen
und an ihrem Unverstand,
wir klagen dir unser Elend

Text: Jörg Zink
Kanon, einstimmig
Musik: Hans-Jürgen Hufeisen

E Wir klagen dir die Schicksale der Menschen,
die von Kriegen betroffen sind,
die fliehen und ihre Heimat verlassen,
das Leid der Hungernden und der Kranken,
der Kinder in den Elendsgebieten der Erde,
der Gefolterten, der Verschleppten,
der Gemordeten.

Text: Jörg Zink
Kanon, zweistimmig
Musik: Hans-Jürgen Hufeisen

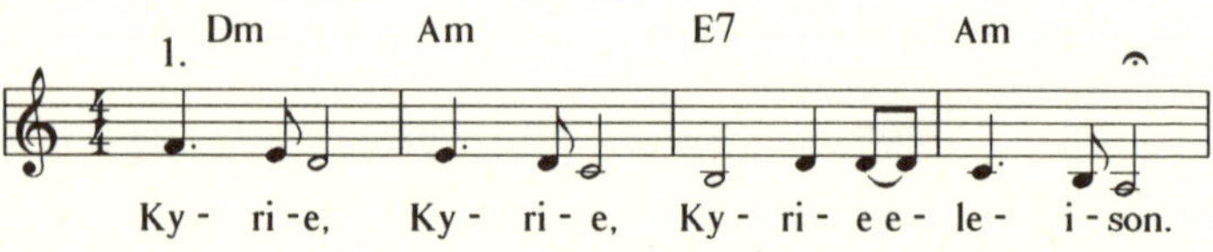

…

E Wir klagen dir den Unverstand der Mächtigen,
die immerzu rüsten und dabei vom Frieden reden,
die ihre Überschüsse an Getreide vernichten
im Angesicht der Hungernden.
Die von Menschenrechten reden
und ihre Interessen meinen.

Text: Jörg Zink
Musik: Hans-Jürgen Hufeisen

Kanon, dreistimmig

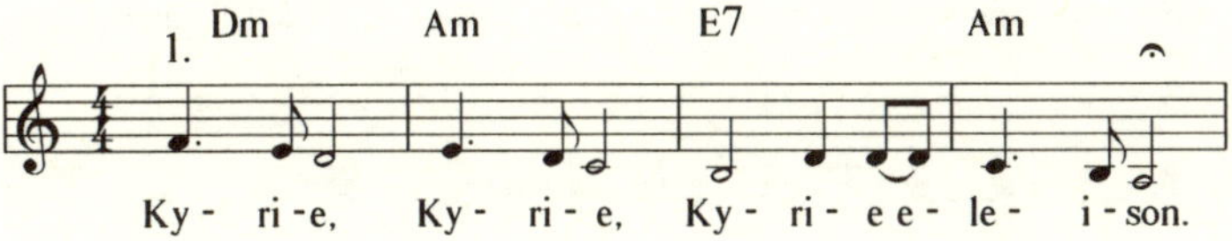

...

E Wir klagen dir den Zustand unserer Erde.
Das Leid der Tiere und Pflanzen.
Sie leiden und sterben
an der Ichsucht der Menschen.
Wir klagen dir die Zerstörung der Luft,
des Wassers und der Erde.
Wir klagen dir unsere Gleichgültigkeit,
unsre Blindheit gegenüber der Qual der Geschöpfe,
unsre Ohnmacht, etwas zu ändern.
Wir klagen dir auch,
daß wir die Gewalttäter und Ausbeuter hassen,
uns aber nur wenig von ihnen unterscheiden.

Kanon, vierstimmig
(auch als Tanz, s. S. 192)

Text: Jörg Zink
Musik: Hans-Jürgen Hufeisen

E Wir klagen dir den Zustand deiner Kirche,
in der man so viel von dir redet,
in der aber so wenig zu erkennen ist
von deinem Geist
und nichts von Hoffnung überspringt
zu den Leidenden dieser Erde.
Wir klagen dir. Steh uns bei.

Text: Jörg Zink
Musik: Hans-Jürgen Hufeisen

GEBET

E Mein Gott, ich klage dir meinen Zustand.
Ich rede von dir
und fühle mich dennoch verlassen.
Ich möchte dir vertrauen
und ängste mich dennoch.
Ich rede zu dir
und weiß doch nicht, ob du mich hörst.
Ich möchte deinen Willen erfüllen
und weiß doch nicht, was ich tun soll.
Ich weiß, daß du mich führst,
und sehe dennoch keinen Weg.
Ich weiß, daß mein Geschick von dir kommt,
und kann es nicht annehmen.
Ich weiß, daß du mir Licht zugedacht hast,
und versinke in meinen dunklen Gedanken.
Ich weiß, daß du mir Freiheit bestimmt hast,
und fühle mich dennoch wie gefangen.
Ich weiß, daß dein Zeitplan anders ist als
der meine,
und habe dennoch keine Geduld.

Es ist leer in mir. Ich wiederhole die Worte,
die ich früher einmal verstanden hatte.
Ich weiß, daß du mich nicht verlassen wirst.
Nein, mein Gott, ich weiß es nicht. Ich glaube es.
Ich möchte es glauben. Hilf mir. Amen.

Text: Jörg Zink
nach Psalm 22

(Chorsatz S. 105)

Musik: Hans-Jürgen Hufeisen

2. Fremd ist der mir, der ich bin.
Niemand kann ein Ziel mir zeigen.
Nichts dringt her aus deinem Schweigen.
Unbegreiflich bleibt der Sinn.

Warum so viel Not und Leid?
Wozu so viel Streit und Hassen?
Warum hast du uns verlassen
hier in Angst und Dunkelheit?

3. Bruder Christus, abgrundtief
hast du für die Welt gelitten,
einsam in der Hölle Mitten,
bis dich Gott ins Leben rief.
Du bist Gottes Angesicht.
Nur um deiner Liebe willen
will ich meine Klagen stillen,
Bruder Christus, Trost und Licht!

LESUNG AUS JOHANNES 12

E Das Licht,
sagte Christus in den letzten Tagen,
ist noch eine kleine Weile bei euch.
Was ihr tut, das tut darum im Licht,
damit euch die Finsternis nicht verschlingt.
Wer in der Nacht geht, sieht seinen Weg nicht.
Nützt das Licht, solange es Tag ist,
damit Licht wird in euch und um euch her.

Ich bin als ein Licht in die Welt gekommen,
damit, wer sich mir zuwendet,
die Finsternis hinter sich läßt.
Ich bin nicht in die Welt gekommen,
um sie ins Verderben zu stoßen,
sondern um sie vor dem Untergang zu retten.

Text: Jörg Zink
Musik: Hans-Jürgen Hufeisen

LESUNG NACH LUKAS 22

E Als sie nun zum Abendmahl versammelt waren,
nahm Jesus den Kelch,
betete den Dankpsalm und sprach:
Nehmt ihn und trinkt alle daraus.
Ich selbst werde von der Frucht des Weinstocks
nicht mehr trinken, ehe das Reich Gottes da ist.

Darauf nahm er ein Brot,
sprach das Dankgebet,
brach das Brot und gab es ihnen:
Das ist mein Leib,
der für euch in den Tod gegeben wird.
So sollt ihr es halten,
wenn ihr später an mich denkt.

Nach dem Essen nahm er den Kelch und sprach:
Dieser Kelch ist das Zeichen,
daß Gott zu euch stehen will.
Denn das ist mein Blut, das vergossen wird,
damit ihr das Leben habt.

Text: Jörg Zink
Musik: Hans-Jürgen Hufeisen

STILLE
FLÖTE ODER GONG

Sanctus, dreimal singen

Text: Jörg Zink
Musik: Hans-Jürgen Hufeisen

STILLE
FLÖTE ODER GONG

GEBET

E Jesus, Bruder und Begleiter,
wir sehen dich aus der Ferne
und über den unendlichen Abstand der Zeit.
Wir hören dich.
Wir suchen dich zu verstehen,
zu begreifen, wer du bist.
Laß uns mit dir gehen.

Du bist anders als andere Menschen.
Stärker und schwächer.
Erhabener und geringer.
Du verkündest die Ehre Gottes
und begleitest die Verachteten unter den Menschen.
Du bringst die Kraft Gottes
und bist schwach mit den Schwachen.
Du schaffst Freiheit
und läßt dich binden für die Gebundenen.

Du stehst an Gottes Stelle
und vertrittst doch die Schuldigen.
Du scheidest zwischen Wahrheit und Lüge
und nimmst die Gescheiterten in Schutz
vor dem Recht der Rechtschaffenen.
Du brauchst keine Gewalt
und weichst dem Opfer nicht aus.

Meister des Lebens,
an dir sehen wir, was es heißt, Mensch zu sein.
Durch dein Antlitz hindurch
schauen wir das Antlitz Gottes.
Wo du bist, verwandelt sich die Welt.

A Vater unser im Himmel!
Geheiligt werde dein Name.
Dein Reich komme.
Dein Wille geschehe,
wie im Himmel, so auf Erden.
Unser tägliches Brot gib uns heute.
Und vergib uns unsere Schuld,
wie auch wir vergeben unsern Schuldigern.
Und führe uns nicht in Versuchung,
sondern erlöse uns von dem Bösen.
Denn dein ist das Reich und die Kraft
und die Herrlichkeit in Ewigkeit. Amen.

Text: Paul Gerhardt, 1607–1676
Chorsatz: Johann Sebastian Bach

BEKENNTNIS AUS RÖMER 8

E Ist Gott für uns,
wer will wider uns sein?
Wer will uns anklagen?
Gott selbst spricht uns gerecht.
Wer will uns verurteilen?
Christus tritt für uns ein.
Wer will uns scheiden
von der Liebe Gottes?
Bedrängnis oder Angst?
Verfolgung oder Hunger?
Nacktheit oder Gefahr
oder das Schwert des Henkers?

Nein, ich bin gewiß,
daß weder Tod noch Leben,
weder Mächte des Abgrunds,
weder Zufall noch Schicksal,
weder das Unheil von heute
noch die Gefahr von morgen,
weder die Herren der Erde
noch die Gewalten in den Sternen,
noch irgendeine Macht,
die doch geschaffen ist von Gott,
uns scheiden kann von der Liebe Gottes,
die uns in Christus begegnet.

SEGEN (Segensgeste s. S. 175)

E Der Friede Gottes,
der all unser Verstehen übersteigt,
sei ein Schutzwall und eine Wacht
um eure Herzen und Gedanken,
daß nichts euch trennen möge
von Jesus Christus.
Er umgebe euch auf seinem, auf eurem Weg. Amen.

Alternativen

Text: Jörg Zink
Tanzlied (s. S. 192) Musik und Chorsatz: Hans-Jürgen Hufeisen

A7/C# C#+ A7/C# Dm
mei - ne Kraft, mein Mut ver - we - hen
Dm Dm
wie ein dün - ner Rauch im Wind.

FEIER

AM

OSTERMORGEN

WIR VERSAMMELN UNS FRÜH, ETWA 5.30 UHR, IN EINER KIRCHE ODER FRIEDHOFSKAPELLE UND BEGINNEN MIT EINER ZEIT DES SCHWEIGENS IM NOCH DUNKLEN RAUM. NACH EINIGER ZEIT SETZT EINE FLÖTE EIN. WIR BEGINNEN MITZUSUMMEN.

Flöte oder Geige — Musik: Hans-Jürgen Hufeisen

LESUNG AUS 1. MOSE 1

E Im Anfang schuf Gott Himmel und Erde.
Die Erde aber war wüst und leer,
Finsternis lag über dem Urmeer,
und der Geist Gottes schwebte über dem Wasser.

Und Gott sprach: Es werde Licht.
Und es ward Licht.
Und Gott sah, daß das Licht gut war.
Da schied Gott das Licht von der Finsternis
und nannte das Licht Tag, die Finsternis Nacht.
So ward Abend, so ward Morgen:
der erste Tag.

NACH EINER KURZEN STILLE

LESUNG AUS JOHANNES 1

E Im Anfang war das Wort.
Das Wort war bei Gott, und Gott war das Wort.
Was jemals entstand,
wurde durch das Wort, das Gott sprach.
Was jemals entstand,
wurde durch seine lebendige Kraft.
Sein Leben war das Licht,
das uns Menschen leuchtet.
Das Licht scheint in der Finsternis,
und die Finsternis konnte es nicht löschen.

Und das Wort wurde ein Mensch
und wohnte unter uns.
Wir sahen seine Herrlichkeit,
die der Sohn hat vom Vater,
voller Gnade und Wahrheit.
Und aus seiner Fülle haben wir alle empfangen
Gnade um Gnade.

Flöte oder Geige Musik: Hans-Jürgen Hufeisen

NACH EINER KURZEN STILLE

LESUNG AUS MARKUS 16

E Als der Sabbat vorüber war,
kauften Maria Magdalena
Maria, die Frau des Jakobus, und Salome Salben,
um den Leib Jesu zu balsamieren.

In der Morgenfrühe des ersten Tages der Woche
kamen sie zum Grab, als eben die Sonne aufging,
und fragten sich bange:

Wer wird uns den Stein vom Eingang
des Grabes wegwälzen?
Da blickten sie auf und sahen,
daß der riesige, runde Stein weggewälzt war.
Sie gingen in das Grab
und sahen dort die Gestalt eines jungen Mannes
an der rechten Seite sitzen,
gehüllt in ein weißes Gewand,
und erschraken bis ins Herz.

Sie hörten ihn aber sagen:
Habt keine Angst!
Ihr sucht Jesus von Nazareth, den Gekreuzigten?
Er ist auferstanden, er ist nicht hier!
Seht her:
Das ist der Platz, an den man ihn gelegt hatte!

Geht zurück und sagt seinen Jüngern und Petrus,
daß er euch voraus nach Galiläa gehen wird.
Dort werdet ihr ihn sehen,
wie er es euch gesagt hat.

Da stürzten die Frauen aus dem Grab und flohen,
denn Angst und Grauen hatte sie erfaßt.
Sie sagten aber niemandem etwas,
denn sie fürchteten sich.

Text: Jörg Zink
Musik: Hans-Jürgen Hufeisen

GEBET

E Wir preisen dich, lebendiger Gott.
Du schaffst Licht aus der Dunkelheit.
Schaffe du Licht in unseren Herzen,
daß wir leben in dir.

Wir preisen dich, Christus.
Du hast dem Tode die Macht genommen
und Leben und unvergängliche Freude
ans Licht gebracht.
Wir freuen uns in deiner Kraft
und danken dir, Licht aus ewigem Licht,
Sonne dieser Welt und der Welt, die kommt.

Text: Jörg Zink
Musik: Hans-Jürgen Hufeisen

LESUNG AUS LUKAS 24

E Zwei aus dem Kreis der Freunde Jesu
wanderten nach Emmaus,
das man von Jerusalem aus
in einer Stunde zu Fuß erreichte,
und redeten miteinander über alles,
was am Morgen geschehen war.

Text: Jörg Zink
Musik: Hans-Jürgen Hufeisen

E Während sie so miteinander sprachen
und rätselten,
näherte sich Jesus und gesellte sich zu ihnen.
Sie aber erkannten ihn nicht,
ihre Augen waren wie zugehalten.
Was habt ihr denn so Wichtiges zu bereden?
fragte Jesus.
Warum seid ihr so traurig?
Der eine, der Kleophas hieß, entgegnete:
Du scheinst der einzige
unter den Festgästen in Jerusalem zu sein,
der nicht weiß,
was in den letzten Tagen drüben geschehen ist!
Was war das? fragte Jesus.
Das mit Jesus von Nazareth, erwiderten sie,
der ein großer, gewaltiger Prophet war.
In Wort und Werk hat er vor Gott
und den Menschen
wunderbare Dinge getan.
Den haben unsere Priester und Machthaber
zum Tod verurteilt und gekreuzigt!
Und wir hatten gehofft,
er sei der, der kommen würde,
um Israel zu befreien.
Vorgestern ist es geschehen.

Text: Jörg Zink
Musik: Hans-Jürgen Hufeisen

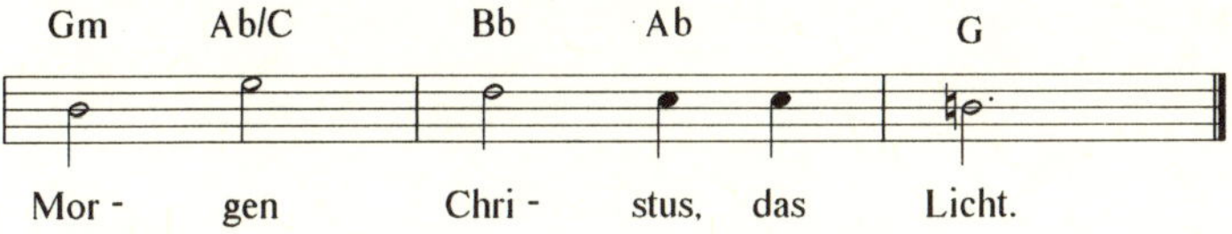

E Die beiden sagten zu dem Unbekannten,
der sie begleitete:
Nun haben uns ein paar Frauen
aus unserem Kreis erschreckt.
Heute morgen waren sie am Grab,
fanden seinen Leib nicht
und kamen mit der Nachricht zurück:
Wir haben Engel gesehen!
Die haben uns gesagt, er lebe!
Da gingen einige andere von uns an das Grab
und fanden alles so,
wie die Frauen gesagt hatten.
Ihn selber aber sahen sie nicht.
Warum versteht ihr so wenig? entgegnete Jesus,
warum braucht ihr so lange, um zu begreifen,
was die Propheten längst gesagt haben?
Es ging doch nicht anders!
Christus mußte all das leiden
und von diesem Leiden aus seine Macht,
seine Herrlichkeit, gewinnen.
Und er fing an, zu erzählen und zu erklären,
was in den Büchern des Alten Testaments
bei Mose und den Propheten über ihn
geschrieben sei.
Mittlerweile näherten sie sich dem Dorf,
und er tat so, als wollte er weitergehen.
Sie baten ihn aber dringend: Bleibe bei uns!
Es ist Abend, bald wird es dunkel sein.
Da ging er mit ihnen in ihr Haus und blieb
bei ihnen.

Kanon
Tanz (s. S. 190)

Text: Jörg Zink
Musik: Hans-Jürgen Hufeisen

KERZEN WERDEN ENTZÜNDET

Text: Jörg Zink
Musik: Hans-Jürgen Hufeisen
Satz: Christof Fankhauser

Tanzlied (s. S. 192)

2. Ein Tanz, der um Erde und Sonne kreist,
der Reigen des Christus, voll Kraft und Geist,
der Tanz, der uns alle dem Tod entreißt.
Halleluja.

3. An Ostern, o Tod, war das Weltgericht.
Wir lachen dir frei in dein Angstgesicht.
Wir lachen dich an, du bedrohst uns nicht.
Halleluja.

4. Wir folgen dem Christus, der mit uns zieht,
stehn auf, wo der Tod und sein Werk geschieht,
im Aufstand erklingt unser Osterlied.
Halleluja.

5. Am Ende durchziehn wir, von Angst befreit,
die düstere Pforte, zum Tanz bereit.
Du selbst gibst uns, Christus, das Festgeleit.
Halleluja.

LESUNG AUS 1. KORINTHER 15

E Christus ist auferstanden vom Tode,
ihm nach werden wir auferstehen.
Das bezeugen wir.
Das ist die Wahrheit.
Christus ist auferstanden,
mit ihm werden wir leben.
Er wird sein Reich aufrichten
und dem Tod ein Ende setzen.

Am Ende wird er das Reich
seinem Vater übergeben,
so daß Gott alles in allem sein wird.

Wie aber soll das geschehen?
Wie werden die Toten auferstehen?
In welcherlei Leib werden sie erscheinen?
Ich denke diesem Geheimnis nach.

Nicht, was sich säe, wird zur Frucht.
Es muß erst sterben.
Was ich säe, ist nicht, was ich ernte.
Gott erweckt dem Korn eine neue Gestalt.
Unendlich reich ist die Fülle
der Erscheinungen in dieser Welt.
Menschen haben einen anderen Leib
als die Tiere.
Vögel einen anderen als die Fische.
Die Engel erscheinen anders
als die Menschen.
Der Glanz der Sonne
ist nicht der Glanz des Mondes,
und kein Stern leuchtet
mit dem gleichen Licht wie der andere.

Text: Jörg Zink
Musik: Hans-Jürgen Hufeisen

Tanzlied (s. S. 190)

E So ahne ich die Auferstehung der Toten:
Was in die Erde fällt, ist verweslich,
was aufersteht, ist unverweslich.
Niedriges wird gesät,
Herrliches wird auferstehen.
Armselig wird es gesät,
in Kraft wird es leben.
Ein natürlicher Leib wird zu Erde,
ein geistlicher Leib wird sich erheben.
Wir tragen hier das Bild
des irdischen Menschen
und werden dann das Bild
des himmlischen tragen.
Denn das Vergangene
muß dem Künftigen weichen.
Wenn aber das geschieht,
dann wird das Wort erfüllt:
Der Tod ist verschlungen vom Sieg.
Tod, wo ist deine Peitsche?
Tod, wo ist dein Sieg?

Sanctus, dreimal singen

Text: Jörg Zink
Musik: Hans-Jürgen Hufeisen

STILLE
FLÖTE ODER GONG

GEBET

E Du bist auferstanden, Bruder Christus.

Du, das Licht, siegst über alle Finsternis.
Du, die Wahrheit, endest allen Wahn.
Du, die Liebe, befreist von aller Furcht.

Der Stein ist abgewälzt.
In Angst und Schwermut leuchtet dein Licht auf.
Fesseln der Seele fallen.

Das Werk des Todes, von Menschen getan, endet.
Pilatus und der Hohe Rat urteilten vergeblich.
Leben, das nicht getötet werden kann,
setzt sich durch.

Die Frauen am Grab erschrecken,
die ohnmächtigen.
Sie waren zum Zuschauen verdammt.
Sie erkennen, wie mächtig die Liebe ist,
und fassen Mut.

Wir empfangen dein Leben.
Wir wollen unser Leben austeilen
für das Leben der Menschen.

Dein sind wir im Licht deines Tages
und im Dunkel unsrer Nächte.
Behüte unsern Ausgang und Eingang
jetzt und in Ewigkeit.

A Vater unser im Himmel!
Geheiligt werde dein Name.
Dein Reich komme.
Dein Wille geschehe,
wie im Himmel, so auf Erden.
Unser tägliches Brot gib uns heute.

Und vergib uns unsere Schuld,
wie auch wir vergeben unsern Schuldigern.
Und führe uns nicht in Versuchung,
sondern erlöse uns von dem Bösen.
Denn dein ist das Reich und die Kraft
und die Herrlichkeit in Ewigkeit. Amen.

Text: Jörg Zink
Musik: Hans-Jürgen Hufeisen

(Chorsatz S. 127)

2. Der Christus, der vom Tod erstanden,
mach uns von allen Ängsten frei,
von Tod und Hölle, die uns banden,
daß Licht und Klarheit um uns sei.

3. Sein Geist, den wir den Tröster nennen,
der treue Beistand in der Nacht,
der mache unsre Herzen brennen,
von seiner Liebe angefacht.

SEGEN (Segensgeste s. S. 182)

E Der Friede Gottes sei allezeit mit uns
und mit allen Menschen.
Er sende uns in die Welt,
erleuchtet durch seine Wahrheit,
getragen durch seine Barmherzigkeit,
gebunden in seinen Willen,
geweiht durch seine Liebe.

Er mache unser Herz weit und unsre Augen hell.
Er gebe uns seinen Geist, den lebendigen.

Das Leben, das aus Christus ist, sei allezeit mit euch
und mit allen Menschen.

DANACH KÖNNEN WIR AUF DEN PLATZ VOR DER KIRCHE GEHEN ODER AUF DEN FRIEDHOF UND DORT SINGEN:

ohne musikalische
Begleitung singen!

Text und Musik: 12. Jahrhundert

Wär er nicht er - stan - den, so
wär die Welt ver - gan - gen; seit daß er er -
stan - den ist, so lo - ben wir den Va - ter Je - su Christ. Ky -
ri - e - leis. Hal - le - lu - ja,
Hal - le - lu - ja, Hal - le - lu - ja! Des
solln wir al - le froh sein, Christ will un - ser
Trost sein. Ky - ri - e - leis.

Alternativ

Text: Jörg Zink
Tanzlied (s. S. 190) Musik und Chorsatz: Hans-Jürgen Hufeisen

PFINGSTZEIT

VORSPRUCH AUS JESAJA 44 UND HESEKIEL 11

E Ich gieße Wasser auf durstiges Land.
Ich lasse Bäche in der Wüste fließen.
Ich gieße meinen Geist aus auf euch Menschen
und meinen Segen auf eure Nachkommen.
Sie sollen wachsen wie Gras zwischen Wassern,
wie Weiden an den Bächen.
Ein neues Herz will ich ihnen geben
und einen neuen Geist.

Text: Jörg Zink
Musik: Hans-Jürgen Hufeisen
nach Johann Pachelbel, 1653–1706

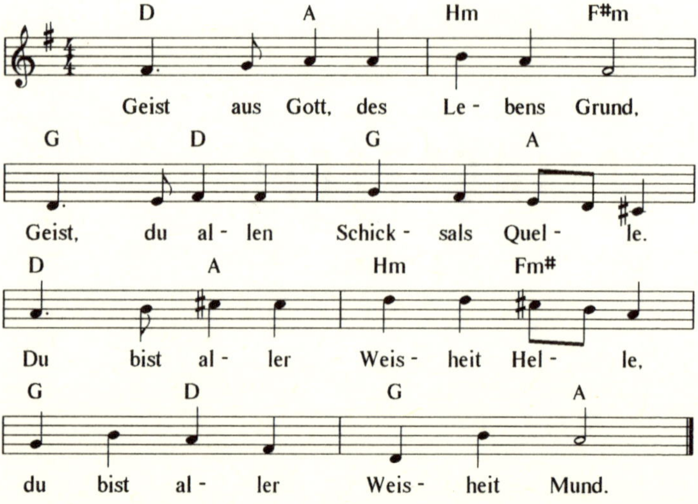

2. Wort aus Gott, das zu uns spricht,
löse uns aus unserm Schweigen,
daß wir offen dich bezeugen.
Sprich zu uns: Es werde Licht.

3. Du, der Liebe Flügelschlag,
gib uns Hoffnung, gib Vertrauen,
eine neue Welt zu schauen,
wenn du sprichst: Es werde Tag.

PSALM AUS WEISHEIT SALOMOS 9

E O Gott meiner Väter und Herr aller Güte,
der du alle Dinge gemacht hast,
indem du ihren Namen nanntest,

du hast auch den Menschen
gebildet in deiner Weisheit,
daß er deine Geschöpfe behüte,

die Welt verwalte
in Heiligkeit und Gerechtigkeit
und sie mit wissendem Herzen bewahre.

Gib mir die Weisheit,
die allein bei dir ist.
Schließe mich nicht aus
aus dem Kreise deiner Kinder.

Denn ich bin ein schwacher Mensch
und kurzen Lebens.
Ich weiß nicht genug über meinen Weg
und über das rechte Tun.
Und wer je unter den Menschenkindern
vollkommen wäre, er wäre nichts,
fehlte ihm die Weisheit,
die aus dir entspringt.

Du hast mich in dieses Leben gestellt
und hast mir Aufträge gegeben.
Du hast mir Menschen anvertraut,
deine Söhne, deine Töchter.
So gib mir Weisheit.
Sie war am Werk, als du die Welt schufst.
Sie weiß, was dir gefällt
und deinem Willen gemäß ist.

Kanon

Text: Jörg Zink
Musik: Hans-Jürgen Hufeisen
nach Johann Pachelbel, 1653–1706

Strophen 2 und 3 siehe S. 131

LESUNG AUS WEISHEIT SALOMOS 9

E Sende Weisheit herab aus dem Himmel
vom Thron deiner Herrlichkeit,
daß sie bei mir sei und mich wecke
und schaffend wirke in meinem Tun.
Denn sie weiß und versteht alles.
Sie wird mich leiten mit Verstand
und in ihrem Licht mich bewahren.

Denn welcher Mensch weiß,
was du planst?
Wer kann in seinen Gedanken fassen,
was du willst?
Die Gedanken sterblicher Menschen
sind ungewiß,
unsere Pläne sind gefährlich.
Der schwache Leib ermüdet die Seele,
und die irdische Hütte
beschwert den zerstreuten Sinn.
Wir verstehen kaum, was auf Erden ist,
und nur schwer, was in den Händen ist.
Wer will das Himmlische erforschen?

Wie soll einer deine Weisung erfahren,
wenn du nicht Weisheit gibst
und deinen heiligen Geist
aus der Höhe sendest?
Durch ihn werden unsere Pfade richtig,
wir Menschen erkennen, was dir gefällt,
und werden durch Weisheit gerettet.

Text: Jörg Zink
Musik: Hans-Jürgen Hufeisen

GEBET

E Geist aus Gott,
du bist wie ein Sturm
über die Menschen gekommen,
damals in Jerusalem.
Komme über uns,
daß wir erwachen,
daß wir ändern auf unserer Erde,
was nicht bleiben kann, wie es ist.

Geist aus Gott,
du bist wie ein Feuer
in den Menschen erwacht, damals.

Entzünde uns von innen,
daß ein Feuer in uns aufbricht,
das Feuer einer leidenschaftlichen Liebe.

Text: Jörg Zink
Musik: Hans-Jürgen Hufeisen

E Geist aus Gott,
wie die Taube schwebtest du über Christus,
als er im Jordan stand.
Belebe uns, gib uns Phantasie,
gib uns Intuition und Traum
und zeige uns, was sein könnte
und was sein kann auf dieser Erde.

Geist aus Gott,
der du diese Welt weise gestaltet hast,
die größten Dinge und die kleinsten
nach Maß und Gesetz,
kläre unsre Gedanken,
mach unser Wort wirksam
und unsre Tat zu einem Zeichen
deines Wirkens.

Text: Jörg Zink
Musik: Hans-Jürgen Hufeisen

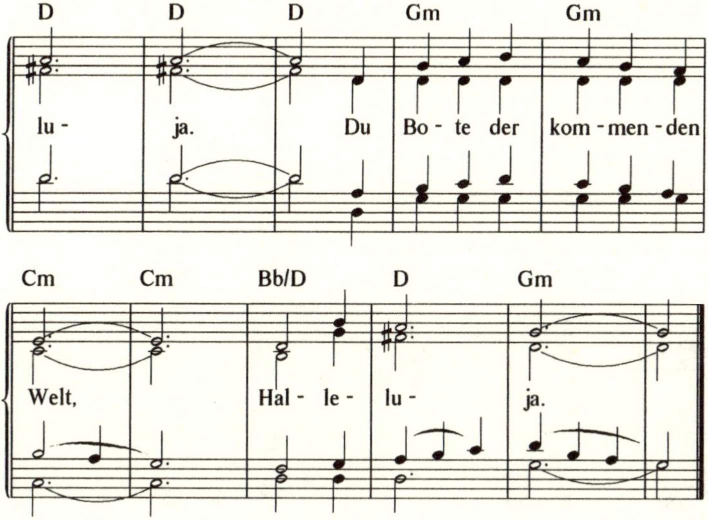

E Alles spiegelt sich in dir.
Was in dieser Welt wahr ist,
ist es, weil du die Wahrheit bist.
Was in dieser Welt Leben hat,
lebt, weil du das Leben bist.
Was in dieser Welt schön ist,
ist es durch dich, ewige Schönheit.
Wenn wir glücklich sind,
dann sind wir es, weil du uns bejahst.

Wir bitten dich, komm,
damit wir in dir leben
und nicht nur in uns selbst.
Auf dieser Erde warten wir auf dich.

Text: Jörg Zink
Musik: Hans-Jürgen Hufeisen
Chorsatz: Christof Fankhauser

2. Der du Sturm genannt und Wind,
komm, daß wir dir gleichgesinnt
und des Sturmes Kinder sind.

3. Der du Brand und Feuer heißt,
wir sind kalte Asche meist.
Sei die Glut in unserm Geist.

4. Der du Weisheit heißt und Rat,
stärke selbst uns Wort und Tat.
Mache unsre Wege grad.

5. Der in einer Taube Flug
Botschaft aus der Höhe trug,
mach uns wie die Taube klug.

6. Licht, das diese Welt erhellt,
schaffe, wenn es dir gefällt,
uns dir gleich zum Licht der Welt.

LESUNG AUS JOHANNES 3

E Jesus sprach zu Nikodemus,
der ihn in der Nacht besuchte:
Achte wohl darauf, was ich dir sage!

Wenn jemand nicht von oben her
neu geboren wird,
kann er das Reich Gottes nicht sehen.
Da fragte ihn Nikodemus:
Wie kann einer sein Leben noch einmal beginnen,
wenn er alt ist?
Kann ihn denn seine Mutter noch einmal
in ihren Leib aufnehmen und zur Welt bringen?

Jesus antwortete: Was ich sage, gilt.
Wenn jemand sein Leben nicht aus Wasser
und Geist neu begonnen hat,
kann er nicht in das Reich Gottes kommen.
Was Menschen zur Welt bringen,
ist und bleibt menschlich.
Was der Geist Gottes schafft, ist göttlicher Geist.
Wundere dich nicht, wenn ich dir gesagt habe:
Du mußt von oben her neu geboren werden.
Gottes Geist kannst du nicht fassen.
Der Wind weht, wo er will.
Du hörst zwar sein Sausen, aber du weißt nicht,
woher er kommt und wohin er treibt.
So ist es bei jedem,
der Leben und Geist aus Gottes Geist hat.

Text: Jörg Zink
Musik: Hans-Jürgen Hufeisen

Kanon, einstimmig

LESUNG AUS JOHANNES 14 UND APOSTELGESCHICHTE 2

E Als Jesus sich verabschiedete von der Erde,
sprach er zu seinen Freunden:

Wenn ich nun weggehe,
will ich den Vater bitten,
er möge euch einen Helfer, einen Beistand schicken,
der für alle Zeiten bei euch bleibt:
den Geist der Wahrheit.

Als fünfzig Tage nach Ostern
der Morgen des Pfingstfests anbrach,
kamen sie alle in einem Haus zusammen.

Plötzlich kam ein Brausen über sie,
als ob ein gewaltiger Sturm sie überfiele.
Das ganze Haus, in dem sie saßen,
war voll davon.
Sie sahen Feuer, das über sie herfuhr,
wie in einzelne Flammen zerrissen.
Gottes Geist erfaßte sie alle
und brannte in ihnen.

Kanon

Text: Jörg Zink
Musik: Hans-Jürgen Hufeisen

LESUNG NACH RÖMER 8

E Dazu schreibt Paulus:
Gott hat uns seinen Geist gegeben,
um an uns dasselbe zu tun,
was er an Jesus Christus getan hat:

Wie er ihn lebendig gemacht hat,
so hat er auch uns ein neues Leben gegeben.

Wer ihr nun und künftig seid,
das bestimmt allein Gott.
Sein Geist wohnt in euch.

Wenn aber nun der Geist Gottes in euch wohnt,
der doch Jesus Christus aus dem Tod erweckt hat,
dann wird er euch zu einem neuen Leben wecken.

Denn wer sich von Gottes Geist führen läßt,
der ist eine Tochter, ein Sohn Gottes.
Wenn wir aber Kinder Gottes sind,
dann gehören wir zu ihm.
Was es aber in dieser Welt an Leiden gibt,
an Schmerzen und Entbehrungen,
ist der Rede nicht wert gegenüber der Herrlichkeit,
die Gott für uns bereithält.

Text: Jörg Zink
Musik: Hans-Jürgen Hufeisen

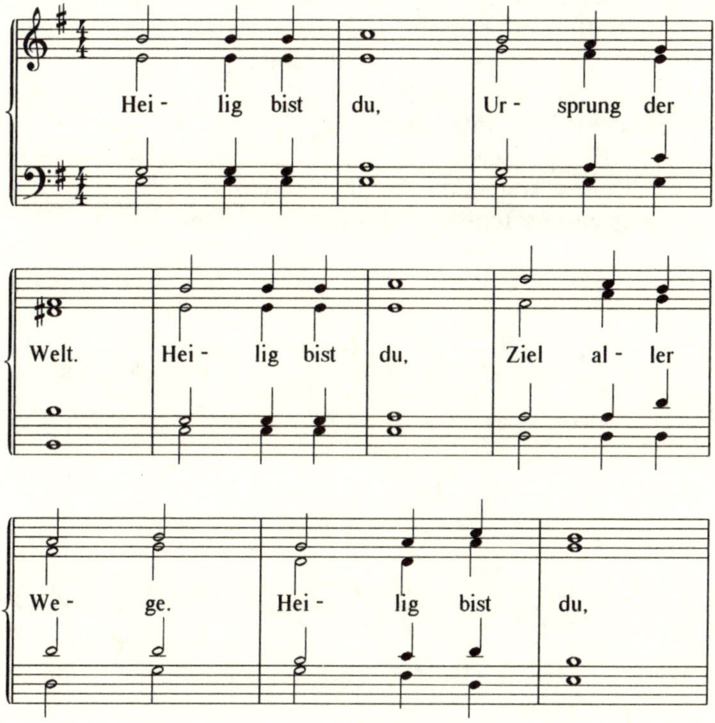

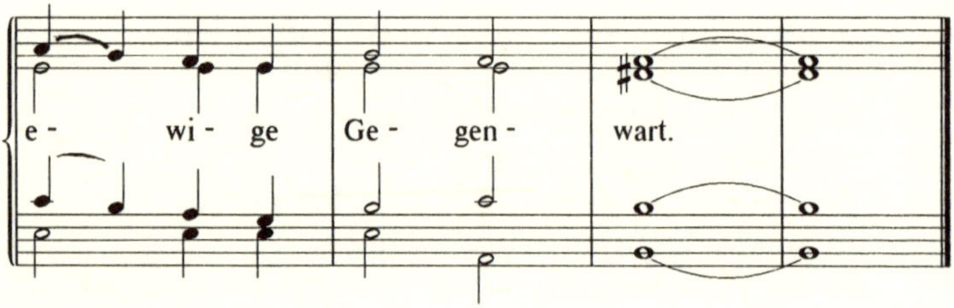

STILLE

FLÖTE ODER GONG

GEBET

E Komm Schöpfer, Heiliger Geist!
Durch dich wird die Welt geschaffen.
Schaffe weiter an ihr.
Schaffe neu, was du gebildet hast.
Verbinde, was zerfällt.
Wecke, was unfruchtbar ist.
Verjünge, was alt ist.
Gib uns Augen, das Licht zu sehen,
das geschaffene und das ungeschaffene.

Text: Jörg Zink
Musik: Hans-Jürgen Hufeisen

(Tanz s. S. 192)

E Du Geist der Freiheit,
der uns aus aller Knechtschaft löst,
du Geist der Zuversicht,
du Geist des Friedens, Überwinder des Hasses,
du Geist der Liebe, der die Verzweiflung endet.
Komm, entzünde uns, erfülle uns,
heile uns, stärke uns, verzehre uns.
Du, der Ratlosen Rat,
der Kranken Trost, der Sterbenden Licht.
Wir sind glücklich durch dich, Heiliger Geist,
und preisen dich.

Löse das Erstarrte.
Gib Mut den Verzagten,
Hoffnung den Niedergeschlagenen,
Freiheit den Schuldigen,
Glauben allen, die sich nach Glauben sehnen.

Gib den Stummen ein Wort.
Den Liebenden ein Wort der Liebe.
Den Dankbaren ein Wort des Danks.

Den Wahrheitsuchenden ein Wort des Vertrauens
und allen, die nicht wissen,
wie sie dich preisen sollen,
ein Wort, dich zu preisen, unsern Gott.

Text: Jörg Zink
(Tanz s. S. 192)
Musik: Hans-Jürgen Hufeisen

E Mache die Toten lebendig,
daß die Kraftlosen sich aufrichten,
die nicht gehen können, Schritte tun,
die keinen Weg wissen, den Weg finden,
die keinen Sinn sehen, ihr Ziel schauen.

Du kommst, Geist aus Gott.
So rufen wir mit den Worten,
die Christus uns gelehrt hat:

A Vater unser im Himmel!
Geheiligt werde dein Name.
Dein Reich komme.
Dein Wille geschehe,
wie im Himmel, so auf Erden.
Unser tägliches Brot gib uns heute.
Und vergib uns unsere Schuld,
wie auch wir vergeben unsern Schuldigern.
Und führe uns nicht in Versuchung,
sondern erlöse uns von dem Bösen.
Denn dein ist das Reich und die Kraft
und die Herrlichkeit in Ewigkeit. Amen.

(Chorsatz S. 150)

Text: Jörg Zink
Musik: Hans-Jürgen Hufeisen

2. Der Schöpfer aller Welt verleihe,
daß uns sein Schaffen ganz durchdringt,
daß gute Frucht an uns gedeihe
und unser Werk durch ihn gelingt.

3. Mit seinem Quell mög er uns tränken,
aus dem sein Geist wie Wasser quillt,
uns mit der Liebe Kraft beschenken –
so sind wir wieder Gottes Bild.

SEGEN AUS JESAJA 61

E Der Geist Gottes ruht auf uns.
Einen Auftrag hat uns Gott gegeben,
eine Botschaft: Freude den Leidenden.

Er hat uns gesandt, wunde Herzen zu verbinden,
Gefangenen die Freiheit anzusagen,
Gefesselten die Erlösung, und zu rufen:
Jetzt ist die Stunde, da Gott hilft.

Die Trauernden sollen wir trösten,
die in Trauerkleidern gehen,
in Festgewänder hüllen.
Den Schwermütigen, die stumm sind in ihrem Leid,
sollen wir ein Lied singen: Lobgesang und Dank.

Wie die Erde die Saat hervorbringt,
wie ein Garten seine Frucht,
so wächst in uns allen
und in allen Völkern sein Heil.

SEGENSGESTE ODER TANZ (s. S. 175 und 190)

A Und der Friede Gottes
bewahre unsre Herzen und Sinne
im Geist Jesu, des Christus. Amen.

Text: Jörg Zink
Musik und Chorsatz: Hans-Jürgen Hufeisen

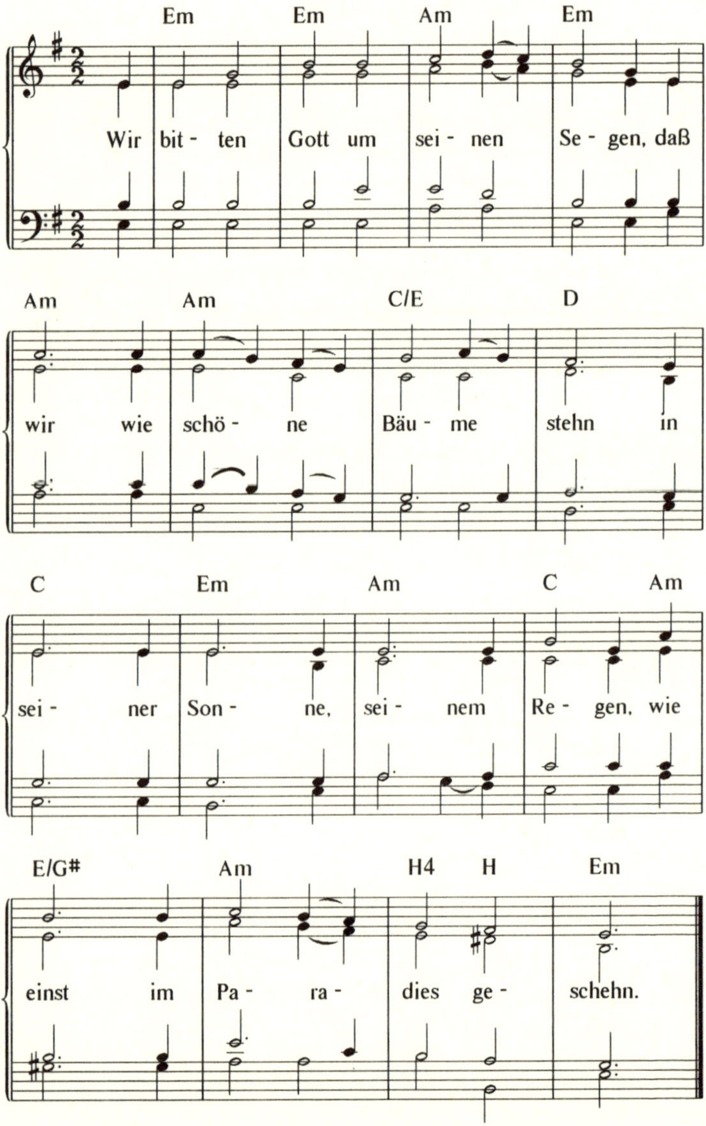

GOTTESDIENST

IM

GRÜNEN

VORSPRUCH

E I m Namen des Gottes,
der diese Erde geschaffen hat,
der zu uns sprach in Jesus Christus
und dessen Geist uns nahe ist in allen Dingen.

Text: Paul Gerhardt, 1607–1676
Musik: August Harder, um 1800

2. Ich selber kann und mag nicht ruhn.
Des großen Gottes großes Tun
erweckt mir alle Sinnen.
Ich singe mit, wenn alles singt,
und lasse, was dem Höchsten klingt,
aus meinem Herzen rinnen.

PSALM 36

E Gott, deine Güte reicht,
soweit der Himmel ist,
und deine Wahrheit, soweit die Wolken gehen.
Wie die Berge feststehen über den Tälern,
steht deine Gerechtigkeit fest über der Welt.
Wie das Meer unendlich sich breitet,
so ohne Grenzen ist deine Macht.
Wie kostbar ist deine Güte, Gott,
bei dir finden wir Menschenkinder Schutz.

Wir werden satt von den reichen Gütern,
die die Erde darreicht,
und du tränkst uns mit Wonne
wie mit einem Strom.
Denn bei dir ist die Quelle des Lebens,
und in deinem Lichte sehen wir das Licht.

In der Frühe suchen wir dich,
Licht, Weisheit und schaffende Kraft,
und danken dir für deinen Tag.

Text: Jörg Zink
Musik: Hans-Jürgen Hufeisen

GEBET

E Du Fülle der Weisheit,
Heger aller deiner Geschöpfe,
du wohnst im Licht
und bist uns nah im Dunkel.
Dich rühmen alle Wesen,
dich preisen auch wir.

Text: Jörg Zink
Kanon, einstimmig
Musik: Hans-Jürgen Hufeisen

E Alles, was ist, hast du geschaffen.
Alles, was lebt, erzählt deine Gedanken.
In allem, was ist, erfüllt sich dein Plan,
auch in uns, du Gott aller Welt.
In dir ist der Himmel über uns,
in dir ist die Erde unter uns.
Du bist die Höhe und die Tiefe,
das Große und das Geringe.
Du bist in dem Wind, den wir atmen.
Du bist in dem Grund, auf dem wir stehen.
Du bist in der Erde, in der wir wurzeln.
Wir sind in dir und rühmen dich,
wunderbares Geheimnis.

Text: Jörg Zink
Musik: Hans-Jürgen Hufeisen

Kanon, zweistimmig

E Du schaffst Licht in der Dunkelheit,
Freude in den Traurigen,
Trost in den Schwermütigen,
Klarheit in den Verwirrten,
Leben in den Schwachen.
Schaffe Licht auch in uns in der Frühe dieses Tages.
Sei uns nahe, damit wir dir nahe sind.
Heile uns, geleite uns, segne uns.
Wir danken dir für deinen Tag.

Text: Jörg Zink
Musik: Hans-Jürgen Hufeisen

Kanon

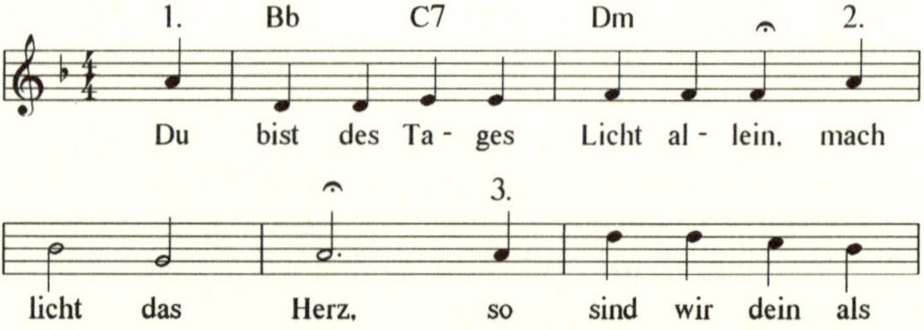

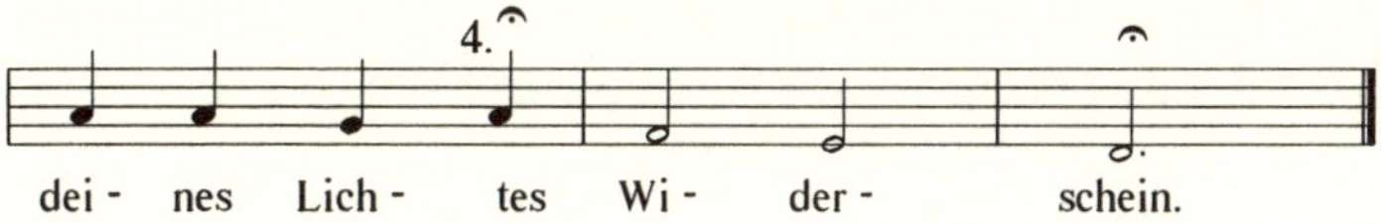

LESUNG PSALM 148

E Alles, was ist, rühme ihn,
unseren Gott.

Stimmt ein, singt mit,
ihr, die oben sind, in der Höhe!
Singt mit, ihr Engel,
das Heer seiner himmlischen Diener.
Singt mit, Sonne und Mond,
singt mit, ihr leuchtenden Sterne!
Singt mit, ihr Welten,
ihr unendlichen Räume im All!
Denn Gottes Werk seid ihr,
geschaffen von seiner Hand.

Stimmt ein, singt mit
hier auf der Erde.
Singt mit in der Tiefe des Meeres
und in den Wolken des Himmels.
Singt mit, Gewitter und Hagel,
singt mit, Schnee und Nebel.
Sing mit, du Sturmwind,
der sein Wort ausrichtet.

Singt mit, ihr Berge und Hügel,
ihr Fruchtbäume, ihr Zedern,
ihr Feldtiere, ihr Tiere im Haus,
ihr Tiere der Erde, ihr Vögel am Himmel.

Stimmt ein, singt mit, ihr Völker,
ihr Regierenden, ihr Richter der Erde.
Singt mit, Frau und Mann,
Greis und Kind.
Rühmt ihn, euren Gott,
denn er allein ist würdig des Ruhms.
Seine Hoheit waltet,
so weit Himmel und Erde sind.

Singt ihm mit all euren Stimmen,
ihr, seine Kinder, sein Volk!

Text: Jörg Zink
nach Psalm 148
(Chorsatz S. 169 ff.)
Musik: Volkstümlich, Frankfurt 1534

4. Ihr Menschen, singt, wer singen kann,
die alten und die jungen.
Mit vielen Stimmen, Frau und Mann,
bis euch das Lied gelungen.
Dem Gott, der diesen Tag begann,
sei euer Lob gesungen.

5. Und noch ein Chor: Um Gottes Thron,
ich wills zu glauben wagen,
erklingt der wunderbare Ton,
der Himmlischen, die tragen
auf ihrem Haupt die goldne Kron.
So singt denn! Es will tagen.

LESUNG AUS PSALM 8

E Gott, unser Herrscher, wie herrlich,
daß wir in deinen Händen wissen
Himmel und Erde.

Wenn Kinder dich anrufen,
ja wenn eben Geborene schreien,
rühmen wir deine Weisheit,
die höher ist als die Macht der Mächtigen.

Wenn wir den Himmel sehen,
das Werk deiner Finger,
den Mond und die Sterne,
die du gestaltet hast –

was sind wir Menschen,
daß du unser gedenkst,
was sind unsere Kinder,
daß du sie liebhast?

Du hast uns fast die Würde
himmlischer Wesen gegeben,
mit Schönheit und Adel hast du uns gekrönt.

Du gabst uns den Auftrag,
Hüter zu sein über all deine Werke.
Alles legtest du uns zu Füßen.

Schafe, Rinder, Tiere des Feldes,
die Vögel unter dem Himmel
und die Fische im Meer
und was immer im Meer sich regt.

Gott, unser Herrscher, wie herrlich,
daß wir in deinen Händen wissen
Himmel und Erde.

Kanon, einstimmig

Text: Jörg Zink
Musik: Hans-Jürgen Hufeisen

GEBET

E Gott, du Schöpfer und Gestalter der Welt,
wie herrlich, daß du es bist,
der sie in den Händen hat.

Herr, du Christus,
wie gut, daß wir in dir sehen
das Angesicht unseres Gottes.

Gott, du schöpferischer Geist, wie wunderbar,
daß wir in deiner Kraft mitwirken sollen,
deine Welt zu bewahren.

In einem Kind bist du uns begegnet,
aus seinem Mund kamen Weisung und Heil.
Deine Kinder sind es, um die wir uns ängsten.

Wenn ich den Himmel sehe,
deiner Finger Werk,
den Mond und die Sterne,
die du bereitet hast –

was sind wir Menschen,
daß du unser gedenkst,
und unsere Kinder,
daß du dich ihrer annimmst?

Du hast uns befähigt,
deine Gedanken zu denken,
Schöpfer zu sein mit dir.

Mach uns nun zu Schützern
deiner herrlichen Erde,
zu Hegern der Kreatur.

Du gabst uns die Weisung,
die Erde zu besitzen,
und sagtest: Selig die Sanften!
Ihrer ist die Erde.

Ihrer, die Gott schauen,
ist das Reich.

Mach uns zu deinen Helfern
und hilf durch uns deinen Kindern
in aller Kreatur.

Gott, du Schöpfer,
wie herrlich zeigst du dich überall!
Zeige dich herrlich
auch an uns.

Text: Jörg Zink
Musik: Hans-Jürgen Hufeisen

Kanon, zweistimmig

E Und nun lese ich den großen Christus-Hymnus
aus dem ersten Kapitel des Kolosserbriefs,
der uns in das Geheimnis des schaffenden
und bewahrenden Gottes noch tiefer hineinführt.
So geben wir dem schaffenden Gott
den Namen Christus.

In dir, Christus, schaue ich Gott.
Du bist der Erste, der vor aller Schöpfung war,
der älteste Bruder aller Geschöpfe.
In dir liegt das Geheimnis der Dinge.

In dir wurde alles geschaffen.
In dir lebt alles Lebendige.
In dir besteht alles, was ist.
In deiner Hand ruhen die Welten der Sterne.
Alles, was groß ist oder klein auf unserer Erde,
ist dein Reich.

Was sichtbar ist und was unsichtbar,
ist eins in dir.
Was an Lebendigem sich regt
ist lebendig durch dich.
In deiner Hand sind alle Mächte,
alle Gefahren, alle Gewalten.
Deinen Auftrag erfüllen sie,
in dir sind eins Himmel und Erde,
die Elemente der Schöpfung,
ihre Kräfte und Gesetze.
Du bist allem voraus,
und alles hat seinen Bestand in dir.

Text: Jörg Zink
Kanon
Musik: Hans-Jürgen Hufeisen

S. vorige Seite

E Denn wir, die dich suchen,
finden das Leben in dir.
Du bist der Anfang aller Dinge.
Du gehst uns allen voraus.
Durch die Tiefe des Todes
geleitest du uns ins Leben.
In dir erscheint uns die ganze Fülle Gottes,
damit wir Gott fänden in allen Geschöpfen.
Du bist auferstanden aus dem Tod
für uns und alle Welt.
Du bist der Anfang und das Ziel.

Sanctus, dreimal singen

Text: Jörg Zink
Musik: Hans-Jürgen Hufeisen

STILLE
FLÖTE ODER GONG

GEBET

E Du Schöpfer dieser Welt.
Wir leben von deiner Güte und Weisheit.

Die Welt gehört nicht uns, sie gehört dir.
Unsere Wissenschaft geht deinen Gedanken nach.
Unsere Technik verläßt sich auf deine Gesetze.
Unsere Wirtschaft lebt von deinen Gütern.
Unsere Politik ist dir verantwortlich.
Wir danken dir für Geist und Kraft der Menschen,
denn Geist und Kraft sind von dir.

Uns Menschen ist viel Macht gegeben.
Was deine Weisheit geschaffen hat,
ist uns unweisen Menschen anvertraut.
Was du gegeben hast, damit wir leben können,
ist Gefahr geworden für unser aller Leben.
Wir möchten dir danken für deine Welt.
Wir möchten einander schützen
vor Gewalt und Haß.
Wir möchten deine Gaben behüten:
die Menschen und ihr Glück
und das Leben der ganzen Erde.

Wir bitten dich, bewahre uns den Frieden
und bewahre uns davor,
den Frieden anderer zu gefährden:
den Frieden unserer Kinder, Freunde und Nachbarn
und aller, denen wir begegnen.

Wir bitten dich, Schöpfer dieser Welt,
hilf uns und gib Gelingen.

A Vater unser im Himmel!
Geheiligt werde dein Name.
Dein Reich komme.

Dein Wille geschehe,
wie im Himmel, so auf Erden.
Unser tägliches Brot gib uns heute.
Und vergib uns unsere Schuld,
wie auch wir vergeben unsern Schuldigern.
Und führe uns nicht in Versuchung,
sondern erlöse uns von dem Bösen.
Denn dein ist das Reich und die Kraft
und die Herrlichkeit in Ewigkeit. Amen.

Text: Paul Gerhardt, 1607–1676
Musik: August Harder, um 1800

2. Erwähle mich zum Paradeis
und laß mich bis zum letzten Reis*
an Leib und Seele grünen.
So will ich dir und deiner Ehr
allein und sonsten keinem mehr
hier und dort ewig dienen.

Text: Jörg Zink
Musik: Hans-Jürgen Hufeisen

Tanzlied (s. S. 192)

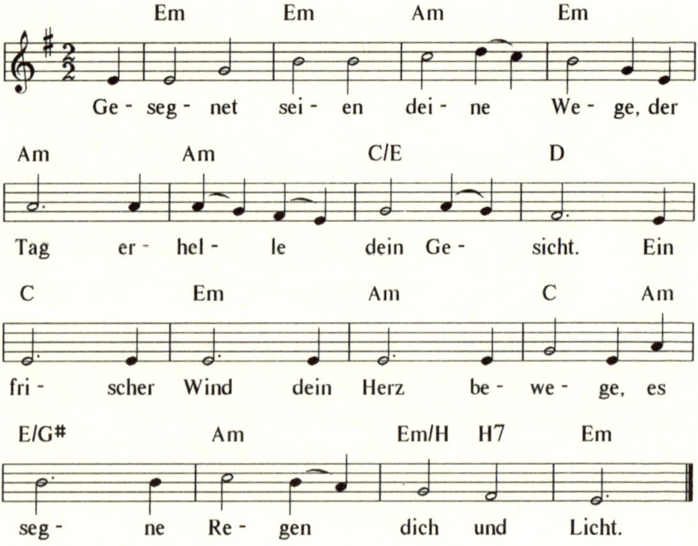

2. Bis wir dereinst uns wiedersehen,
führt auch dein Weg durch Flut und Brand,
wird Gott verborgen mit dir gehen
und halten dich in seiner Hand.

---

* Üblicherweise wird gesungen: „Laß mich bis zur letzten Reis an Leib und Seele grünen." Aber wer grünt bis zu einer Reise? Ein Baum grünt bis zu seinem letzten Reis!

SEGEN (Segensgeste s. S. 181)

E Gott,
der Ursprung und Vollender
aller Dinge,
segne dich,
gebe dir Gedeihen und Wachstum,
Erfüllung deinen Hoffnungen,
Frucht deiner Mühe,
und am Ende das Ziel deiner Wege. Amen.

Alternativ

Text: Jörg Zink
Musik: Volkstümlich, Frankfurt 1534
Chorsatz: Hans-Jürgen Hufeisen

1. Lied er - klin - gen. Singt mit, singt mit. Wer
2. Ster - ne krei - sen. Ihr geht nach Jahr und
3. in den Se - en. Singt mit, ihr Tie - re,
1. un - ser Lied er - klin - gen. Singt mit, singt mit!
2. Sonn und Ster - ne krei - sen. Ihr geht nach Jahr
3. Fi - sche in den Se - en. Singt mit, ihr Tie -
1. sin - gen mag, soll sei - ne Stim - me brin - gen.
2. Tag und Stund den, der euch schuf, zu prei - sen.
3. Schaf und Rind, ihr Ler - chen in den Hö - hen.
1. Wer sin - gen mag, soll sei - ne Stim - me brin - gen.
2. und Tag und Stund den, der euch schuf, zu prei - sen.
3. re, Schaf und Rind, ihr Ler - chen in den Hö - hen.

1. Und al - les, was da schla - fend lag, soll Gott
2. So tanzt im Kreis und tut ihn kund in un -
3. Ihr Wol - ken - schlei - er, Luft und Wind, die durch
1. Und al - les, was da schla - fend lag,
2. So tanzt im Kreis und tut ihn kund
3. Ihr Wol - ken - schlei - er, Luft und Wind,
1. sein Lob - lied sin - gen.
2. hör - ba - ren Wei - sen.
3. den Mor - gen we - hen.
1. soll Gott sein Lob - lied sin - gen.
2. in un - hör - ba - ren Wei - sen.
3. die durch den Mor - gen we - hen.

Text: Jörg Zink
Musik und Chorsatz: Hans-Jürgen Hufeisen

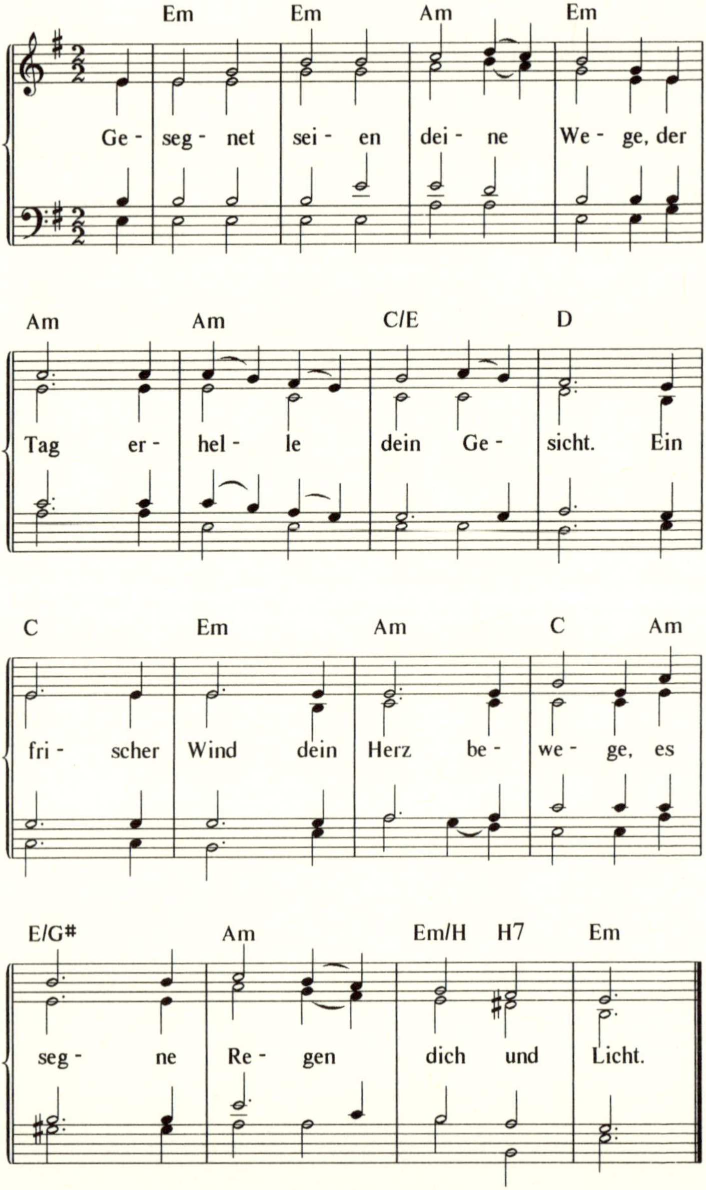

GEBÄRDEN

ZUM

BETEN

Das Gebet mit den Händen ist ein Gebet der Stille.

Einige Hinweise:

1. Führen Sie alle Bewegungen langsam aus.

2. Sie können dazu einen Gong oder eine meditative Musik erklingen lassen.

3. Der Bewegungsverlauf des Gebetes stellt den Ablauf eines Tages dar – zugleich sind die Gebärden so angelegt, daß alle fünf Sinne symbolisch eingeschlossen sind.

4. Am Anfang werden Sie die einzelnen „Bilder" langsam für sich einüben und wiederholen müssen. Wenn Sie alle Bilder verinnerlicht haben, kann der Ablauf fließender gestaltet werden. Beachten Sie, daß fließende Bewegungen Ruhe brauchen. So entsteht: die Ruhe in der Bewegung und die Bewegung in der Ruhe.

5. Wenn Ihnen die Bewegungen vertraut sind und Sie sich wie von selbst bewegen, werden Sie feststellen, daß eine stille Bewegung eine große Konzentration des Denkens schafft. Da hinein können Sie Worte aus Psalmen und Gebeten hören und aufnehmen. So ist es auch möglich, daß eine Person aus der Gruppe Worte zu den Gesten und Gebärden spricht oder singt.

DIE BEGRÜSSUNG

Sie stehen im Kreis, verweilen Sie in dieser Haltung. In dieser Haltung verneigen Sie sich.

HÄNDE ÖFFNEN SICH

Arme weiten sich – sie bilden einen Kreis. Achten Sie darauf, daß sich die Hände beim Öffnen berühren. Der Tastsinn wird angesprochen. Spüren Sie die Kälte und Wärme in den Händen. Spüren Sie die Weite in Ihrem Körper, wenn Sie mit den Armen einen Kreis bilden.

DIE GROSSE SCHALE

Die Handflächen sind geöffnet. Sie können frei atmen. Haben Sie die Vorstellung, als ruhe in Ihren Händen und Armen ein großer Erdball.

DIE KLEINE SCHALE

Sie möchten etwas empfangen – es liegt in Ihren Händen.

DIE GESCHLOSSENE FRUCHT

Ihre Frucht darf noch ruhen – tun Sie dieses nicht mit Kraft, sondern entwickeln Sie die Vorstellung, daß Sie wie ein Stein ist, der in Ihren Händen ruht.

DIE GEÖFFNETE FRUCHT

Sie weiten mit Ihren Händen und allen Fingern Ihre Frucht. Ihre Frucht wird so zu einer Schale.

DER DANK

Die Dankes-Haltung sammelt noch einmal die Gedanken, die nur in Ihnen selbst ruhen.

DAS HÖREN

Mit den Händen vergrößern Sie Ihre Ohrmuscheln. Darin verweilen Sie. Sie werden staunen, wie sehr Sie die Stille hören.

DAS SCHMECKEN

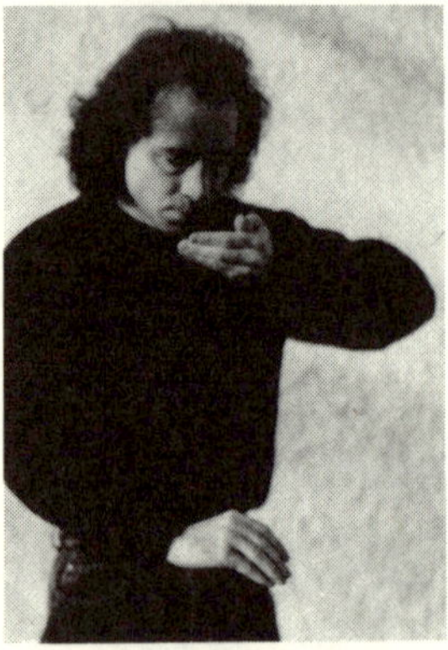

Sie bewegen Ihre Hände wie bei einer Wassermühle. Sie schöpfen mit Ihren Händen Wasser und führen die Hände zum Mund. Ein Kreislauf entsteht.

DAS RIECHEN

Sie führen Ihre Fingerspitzen zur Nase und riechen ihren Duft.

DIE OBERE SCHALE

Sie selbst werden zur großen Schale, die empfängt oder auch weitergibt – wie ein Baum. Die Baumhaltung ist eine weit geöffnete Form. Der Raum um Sie herum hat viel Platz.

DAS SEHEN

Mit Ihren Händen verdecken Sie die Augen. Ihr ganzer Kopf ruht in Ihren Händen. Sie werden viele Farben und Bilder sehen.

DER KREIS

Ihre Arme strecken sich nach oben. Sie öffnen die Arme und zeichnen mit den Händen und Armen einen Kreis von oben nach unten – wie wenn Sie mit Ihren Händen einen großen Ball umrunden.

DIE STILLE UND DER ABSCHIED

Sie verbeugen sich.

DIE KLEINE SEGENSGESTE

EMPFANGEN

ANNEHMEN

WEITERGEBEN

Eine Randbemerkung:
Eine geöffnete Hand, mit der Handfläche nach oben gerichtet, ist eine empfangende Geste. Sie kann tragen und stützen.
Die Handfläche, die nach unten gerichtet ist, strahlt Macht aus. Diese Handhaltung ist eine „bestimmende" Geste. Wir Menschen leben in beiden Formen dieser Bewegungen. In der kleinen Segensgeste haben beide Handpositionen ihre Bedeutung. Die Hand, die einem anderen Menschen aufgelegt wird, hat eine Kraft ausübende Ausstrahlung und Aufgabe. Eine Hand, die nach oben hin geöffnet ist, will Kraft und Segen empfangen.
Wir möchten Ihnen Mut machen, daß der Segen nicht nur ausgesprochen, sondern in den Gesten symbolisch nachvollzogen wird. „Hände können handeln und verwandeln", so im Lied „Der Tag ist am Ziel".

DIE GROSSE SEGENSGESTE

Sie stehen im Kreis. Alle Bewegungen fließen von Mensch zu Mensch. Vollziehen Sie langsam und mit körperlicher Entspannung. Die Bewegung als solche ist die Kraft. Schreiten in „Tanzrichtung“:

EMPFANGENDE GESTE

ANNEHMENDE GESTE

RUHENDE GESTE

Zur Mitte hinwenden

HALTENDE HAND UND LIEGENDE HAND

Hin und her wiegen

WEITERGEBENDE GESTE

BESCHÜTZENDE GESTE

DER ABSCHIED UND FRIEDENSGRUSS

Verbeugen und nach außen schreiten

WICHTIG:
Vollziehen Sie die große Segensgeste nur, wenn Sie Zeit haben und es wollen.

MEDITATIVE

TÄNZE

HINWEISE ZUM MEDITATIVEN TANZ

DIE TAKTZAHL

Die meisten Tänze orientieren sich an der Taktzahl „4“. Das heißt, nach vier Schritten oder vier Phasen oder Perioden folgen die nächsten Abschnitte.

Sie können dieses Zahlenspiel erweitern: acht, sechzehn, vierundzwanzig, zweiunddreißig... Die Melodien in unseren Westkulturen (Volkslieder, Geistliche Lieder...) sind oft so geordnet. Vier Takte entsprechen einer Periode und sind so etwas wie eine Ein- und Ausatmung.

Der Mensch empfindet in diesen Phrasierungen eine natürliche innere Ordnung. Diese gilt es als ein Ordnungsprinzip in den Tänzen zu erkennen. Sie finden das Ordnungsprinzip der Zahl „4“ auch in der Natur wieder. Zum Beispiel in den vier Himmelsrichtungen. Oder auch in der Musik selbst. So bestimmen die Parameter Dynamik, Tonhöhe, Klangfarbe und Zeit die Grundwerte der Musik. Oder durchschreiten Sie einen Kreuzgang, der mit vier Gängen eine Einheit bildet. In den Tänzen werden die Schrittfolgen so geordnet, daß sie nach vier Takten der Musik wiederholt werden.

DAS TEMPO

Im meditativen Tanz ist die langsame und getragene Musik die Basis, um sich zu bewegen. Die Musik sollte aber nicht schleppend sein. Das Prinzip des meditativen Tanzes ist die ständige Wiederholung, um so zur Konzentration des Denkens zu gelangen. Als Menschen haben wir ein inneres Ohr für das richtige Tempo. Es liegt ungefähr bei 50 – 60 Schritten pro Minute. (Marschieren liegt ungefähr bei 90 – 100 Schritten pro Minute, ein Walzer hat 180 – 200 Schritte.) Bei diesen Zahlen sehen Sie, wie unterschiedlich sich unsere Lebenssituationen in der Schrittmenge widerspiegeln, nämlich von der Konzentration im langsamen bis hin zum beschwingten Leben im Dreiviertel-Takt. Es bedarf viel innerer Kraft eines Menschen, um langsames Schreiten oder Gleiten zu einer fließenden Ruhe entwickeln zu können.

An dieser Stelle eine kleine Nebenbemerkung: Warum sind so viele Friedenslieder im Vierviertel-Takt und in einem Marschtempo geschrieben? Wäre es nicht besser, langsamere Friedenslieder oder ganz beschwingte Lieder im Dreiviertel-Takt dafür zu komponieren? Übrigens: Auch Schnecken, in ihrem langsamen Gleiten, erreichen Ihr Ziel.

DER RAUM

Der Tanz vollzieht sich in zwei Räumen. Der eine Raum ist der Mensch selbst. Der andere Raum ist der Raum um uns herum. Der Tanz hat die Aufgabe, beide Räume zu füllen. Für einen meditativen Tanz in der Gruppe ist es oft hilfreich, wenn Sie die Mitte eines Kreises durch eine Kerze oder Blume oder auch andere Symbole bezeichnen. (So entsteht keine „Kartoffel".) Versuchen Sie die Feiern in einem Kreis oder im Halbkreis zu gestalten. Das ist wichtig, damit sich alle sehen können. Wir sprechen in der Tanzsprache von „Tanzrichtung". Sie geht immer gegen den Uhrzeigersinn. Im Grunde wird eine alte Tradition des alten kultischen Tanzritus der Priester und Priesterinnen weitergelebt. Sie besagt, daß die tanzende Beterin „sich" immer der Sonne entgegentanzen muß.

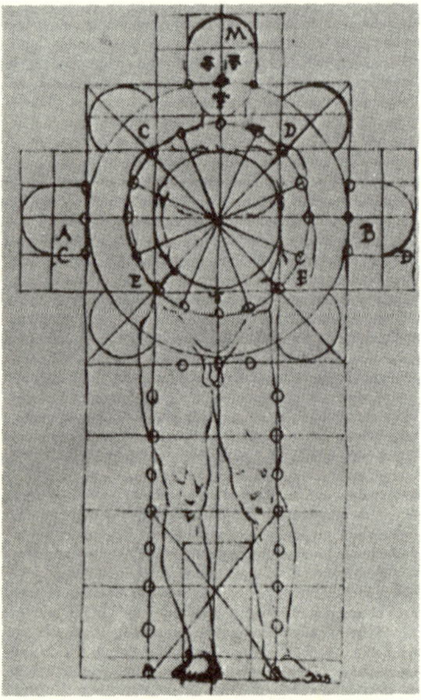

Kirchengrundriß nach dem Maß des Menschen, Frances di Giorgi Martini, um 1480/90

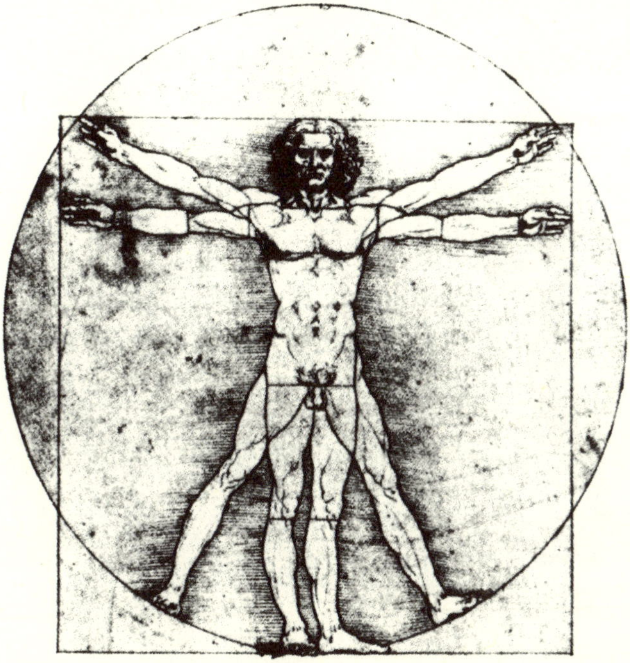

Proportionen des Menschen
Leonardo da Vinci, um 1485

Wir stehn vor deinem Angesicht.
Wir gehen leise Schritte.
Und wenn wir kreisen um dein Licht,
wie Monde tun,
sei du selbst unsre Mitte.
(aus dem Abendlied: Dir, Gott des Friedens, zugewandt)

DER TANZ DER KREISENDEN MITTE

Sie stehen im Kreis und schreiten in Tanzrichtung

Schreiten in Tanzrichtung – Arme bewegen sich langsam nach oben

Rückwärts schreiten – Arme langsam nach unten führen

Zur Mitte schreiten – Arme langsam nach oben führen

rückwärts schreiten zum Kreisrand – Arme langsam nach unten führen

DIE ABFOLGE DES TANZES

1.
vorwärts gehen,
Arme heben

2.
auf linkem
Fuß drehen

3.
rückwärts gehen,
Arme senken

4.
vorwärts gehen,
Arme heben

5.
rückwärts gehen,
Arme senken

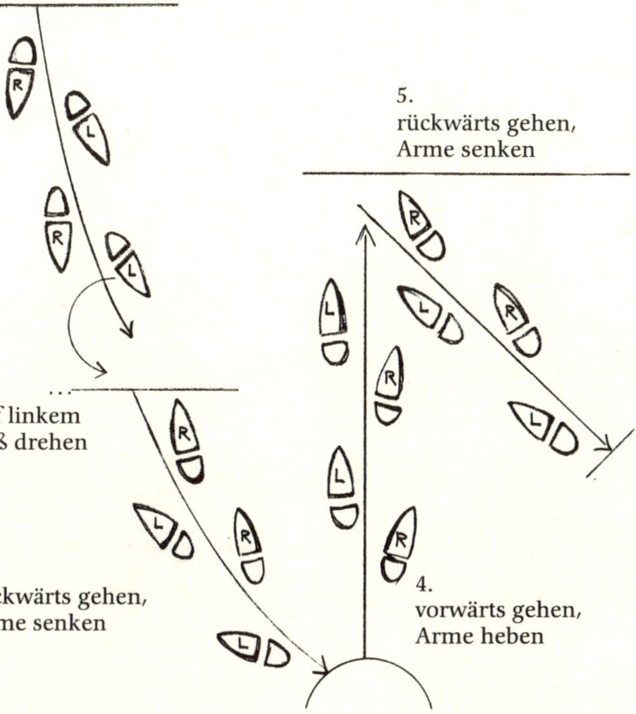

BEDEUTUNG:
Wenn die Arme sich nach oben bewegen, atmen Sie ein, und wenn Sie die Arme von oben nach unten bewegen, atmen Sie aus. Es ist ein natürlicher Kreislauf der Atmung, die körperlich aktiviert wird. Sie gestalten mit diesem Tanz einen Stern, der sich dreht. Sie werden durch die Form des Tanzraumes und Ihrer Atmung selbst zu einer langsam sich drehenden Erde, obwohl Sie nur schreiten.

Sonnen erfüllen dir deinen Willen.
Sie gehn und preisen mit ihren Kreisen
der Weisheit Überfluß, aus dem sie sind.
(aus dem Morgenlied: „Dich rühmt der Morgen")

DER TANZ DER ZEIT

Sie tanzen im Kreis. Die rechte Hand liegt mit der offenen Handfläche nach oben gerichtet auf der linken Handfläche der rechten Person.
Zum Einüben ist es gut, sich normal anzufassen.

„VERGANGENHEIT"

mit rechtem Fuß
seitwärts in Tanzrichtung

linken Fuß
rückkreuzen

„ZUKUNFT"

mit rechtem Fuß seitwärts in Tanzrichtung

linken Fuß vorkreuzen

Viermal hin- und herwiegen – beginnend damit, daß Sie den rechten Fuß seitwärts in Tanzrichtung setzen.

DIE ABFOLGE DES TANZES

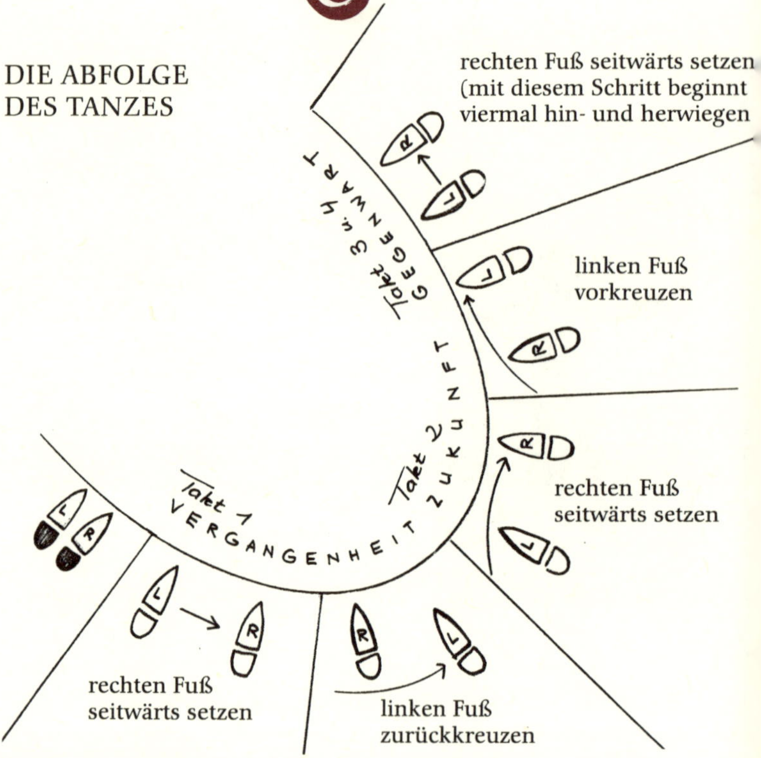

BEDEUTUNG: Der Tanz symbolisiert Vergangenheit, Zukunft und Gegenwart:
linken Fuß rückkreuzen = Vergangenheit
linken Fuß vorkreuzen = Zukunft
hin- und herwiegen = Gegenwart
– Sie verbinden damit Vergangenheit und Zukunft

Wenn Sie hin- und herwiegen, bewegt sich durch die Kreisform eine große Schale. Diese Form symbolisiert eine Schale, in die Sie Ihre Gedanken zu Ihrer Vergangenheit, Zukunft und Gegenwart in Ruhe hineinlegen dürfen. © Hans-Jürgen Hufeisen

Was der Tag erzählt, laß ich dem Winde.
Dir vertrau ich an, was er gebracht.
Bleibe mir nah, mein Gott, daß ich dich finde.
Birg die Erde in dir, Hüter der Nacht.
(aus dem Abendlied: „Wenn der Tag vergeht")

SEGENSTANZ DER SCHÄFER

Aufstellung im Kreis, die Hände sind gefaßt, locker nach unten hängend (V-Haltung).

KREUZSYMBOL
LINKS
Umgrenzung
vier Nachstellschritte nach links:
Mit der linken Fußspitze zeichnen Sie ein Kreuz: die linke Fußspitze tippt nach vorne, zur linken Seite, und nach hinten. Den linken Fuß wieder anstellen.

KREUZSYMBOL RECHTS
identisch mit „Kreuzsymbol links"; jedoch Bewegungen auf die rechte Seite mit der rechten Fußspitze.

BEDEUTUNG: Im ersten Teil umschreiten die Schäfer den Pferch, sie errichten einen Zaun. Sie können anstelle der Nachstellschritte auch „Kreuz-Schritte" wählen, so daß die Vorstellung eines Jägerzauns zugrunde liegt.
Im zweiten Teil zeichnen die Schäfer als Schutz- und Segenszeichen mit den Füßen ein Kreuz auf die Erde.

DIE ABFOLGE DES TANZES

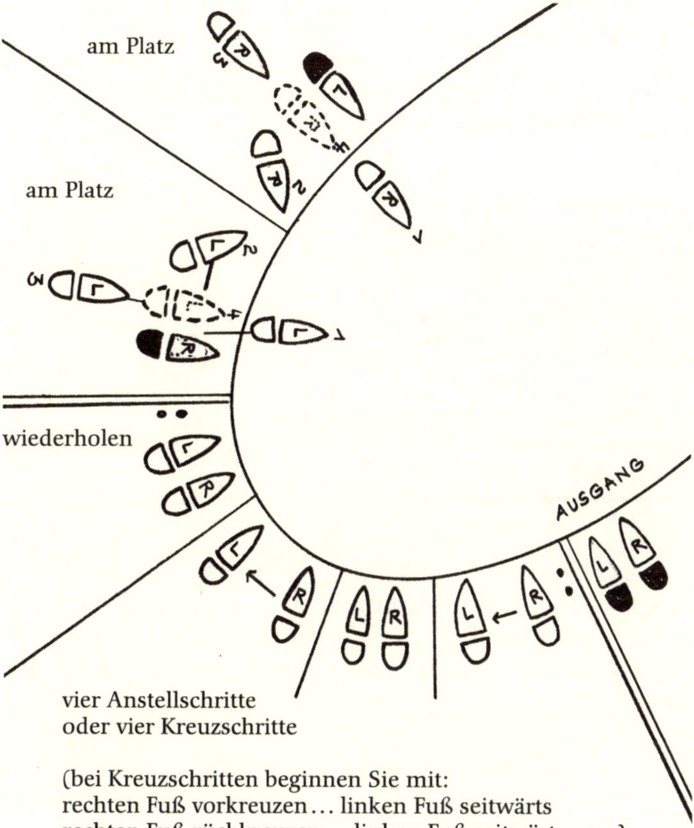

vier Anstellschritte
oder vier Kreuzschritte

(bei Kreuzschritten beginnen Sie mit:
rechten Fuß vorkreuzen… linken Fuß seitwärts
rechten Fuß rückkreuzen… linken Fuß seitwärts usw.)

Anmerkung: Erst beide Kreuzgesten, links und rechts zusammen, ergeben ein ganzes Kreuzzeichen. Es ist schön, wenn Sie in beiden Händen eine Kerze oder ein Teelicht halten. So entsteht ein Lichtertanz.

Musik zum Tanzen in diesem Buch

Wir weisen bei den Noten zu den Liedern darauf hin, wenn sie sich zum Tanzen eignen. Die Musik auf den beiden CDs „Wie wir feiern können. Ausruhen – Zuhören – Träumen" ist so angelegt, daß Sie dazu tanzen und singen können. Oder Sie musizieren selbst. Folgende Lieder eignen sich zum Tanzen:

	Seite:
Die Mitte der Nacht CD 2,5	113, 116, 120
Dir, Gott des Friedens, zugewandt CD 1,10	62
Du Stern des Abends	52
Du Trost der Armen	74
Es ist ein Ros entsprungen	82
Gesegnet seien deine Wege	172
Heilig bist du CD 1,5	28, 43, 59, 90, 99, 112, 143, 144, 146, 165
Kyrie eleison CD 2,2	90, 92
Nun gebe Gott uns seinen Segen CD 2,8	127
So komm und segne	30
Wenn der Tag vergeht CD 1,6	50
Wenn ein Gott ist CD 2,3	105
Wir stehen im Morgen	117

Wer sich mit den Möglichkeiten befassen will, die der religiöse Tanz uns verschaffen kann, dem empfehlen wir das sehr gute Buch von Hilda Maria Lander und Maria-Regina Zohner: „Meditatives Tanzen", Kreuz Verlag.

ALTERNATIVE

LESUNGEN

Alternative Lesungen
Aus Jörg Zink, Psalmen und Gebete der Bibel

		Seite
Morgen	Psalm 19	52–53
	Jesaja 55	54–55
	Psalm 57	120
Mittag	1. Korinther 13	8–10
	Jesaja 42–43	135–136
Abend	Psalm 143	88–89
	Psalm 4 und 17	119–120
	Psalm 103	92–94
	Psalm 90	112–113
Advent	Lukas 1	23–24
	Lukas 1	35–36
	Jesaja 63	90–92
	Jesaja 9 und 10	130–131
	Sacharja 9	127–128
Passion	Jesaja 42	55–56
	Psalm 102	104–105
	Psalm 22	76–78
	Psalm 39	79–80
	Jona 2	80–81
Ostern	Psalm 92	26–27
	Jesaja 61	30–31
	Psalm 18	83–84
Pfingsten	Kolosser 1	47–49
	Epheser 1	49–50
	Philipper 2	60–61
	Offenbarung 21	131–132
Gottesdienst im Grünen	Psalm 36	14
	Weisheit Salomos 7 und 9	71–73
	Hiob 28	66–68

Biblische Texte
die sich zum Lesen und eventuell zum Auslegen eignen, aus Jörg Zink: Womit wir leben können, unter dem angegebenen Datum

Morgen	18.1., 8.2., 12.3., 17.8., 18.8., 19.8., 1.11., 2.11., 3.11., 4.11.
Mittag	22.1., 27.1., 19.2., 6.8., 7.8., 8.8., 12.8.
Abend	10.2., 2.8., 20.8., 26.8., 28.8., 6.10.
Advent	2.12., 3.12., 5.12., 6.12., 14.12., 24.12., 25.12.
Passion	die Passionsgeschichte: 16.3.–4.4. sonst: 3.2., 17.2., 22.2., 3.3., 4.3., 5.3., 30.10.
Ostern	die Ostergeschichte: 8.4.–16.4. sonst: 7.2., 26.4., 6.5., 20.9., 27.9.
Pfingsten	23.2., 29.4., 14.5., 24.5.–26.5., 5.6., 30.6., 6.9., 23.10.
Gottesdienst im Grünen	4.2.–5.2., 24.2.–25.2., 1.3., 19.4., 16.5., 19.8.

Gebete
aus Jörg Zink: Wie wir beten können

	Seiten Alte Ausgabe	Neue Ausgabe von 1991
Morgen	71, 81, 83, 93 179, 238	67, 75, 77, 87 163, 169, 219
Mittag	17, 19, 21, 29, 35, 231, 237, 244, 248–249	15, 17, 19, 27, 33, 222, 225, 213, 218
Abend	86, 87, 89, 90, 91, 181, 185, 191, 219, 229	80, 81, 83, 84, 85, 165, 175, 201, 211
Advent	101, 194–195, 207, 209, 211, 217, 221	95, 178–179, 191, 193, 195, 199, 203
Passion	73, 108, 109, 118–119, 120–121, 123, 137, 139, 141, 143, 145	69, 102, 103, 112–113, 114–115, 117, 127, 129, 131, 133, 135
Ostern	159, 163 oben, 165, 171, 193, 269	149, 153 oben, 155, 159, 177, 243
Pfingsten	49, 51, 99, 151, 155, 183, 205, 266–267	45, 47, 93, 141, 145, 167, 189, 236, 237, 240–241
Gottesdienst im Grünen	9, 27, 53, 167, 223, 255, 259, 261, 265	11, 25, 49, 157, 205, 228, 233, 235, 339

LIEDER, HYMNEN UND KANONS

Auswahl von Liedern
Aus dem Evangelischen Kirchengesangbuch

Morgen	334, 336, 339, 346, 1–3.6-7
Mittag	139, 351, 374, 384, 1–5.13–14
Abend	355, 356, 358, 361, 366, 368
Advent	5, 6, 10, 14
Passion	66, 63,6.9.10, 195, 249, 293, 297
Ostern	75, 76,1–4.6, 78, 79, 84, 86,1.2.3.6, 369
Pfingsten	98, 99, 108,1.7, 126, 188,1.4.5, 218
Gottesdienst im Grünen	128,1.5.6.7.8, 187, 232,1.2.5.11, 371

Aus dem katholischen Gebet- und Gesangbuch „Gotteslob"

Morgen	271, 272, 278, 289, 666, 667, 671
Mittag	299, 300, 310, 614, 641
Abend	18.8, 292, 559, 696, 705
Advent	105, 107, 111, 261
Passion	183, 297, 311, 499
Ostern	213, 218, 219, 220, 223, 224
Pfingsten	241, 244, 247, 250, 516
Gottesdienst im Grünen	258, 259, 266, 267, 268, 271, 272, 282, 289, 474

Lieder in diesem Buch mit gleichen Melodien

		Seite:
Halleluja:	Du Geist der Weisheit	134, 135, 136
CD 1,2	Du Glanz des Tages	39
	Du Licht des Morgens	18
	Du Schöpfer der Erde	154
	Du Schöpfer des Lebens	112
	Du Stern des Abends	52
	Du Trost der Armen	74, 75
	Du Trost der Verlorenen	93, 97
Kanons:	Christus, Geheimnis des Opfers	98
CD 1,4	Geist, der du Feuer bist	140, 142
	Gott, du Geheimnis der Liebe	79
	Gott, du Geheimnis der Nähe	56
	Gott, du Geheimnis der Schöpfung	25
	Gott, du Geheimnis der Weisheit	41
	Gott, du Quelle des Lebens	161, 163
Segen:	Gesegnet seien deine Wege	168, 172
CD 2,8	Nun gebe Gott uns seinen Segen	124, 127
	Wir bitten Gott um seinen Segen	45, 148

Alphabetisches Verzeichnis der Lieder, Hymnen und Kanons

Lieder, Hymnen und Kanons aus diesem Buch gibt es im Kreuz Verlag auf zwei Musikkassetten, zwei Langspielplatten und zwei Compactdiscs mit dem Titel „Wie wir feiern können. Ausruhen – Zuhören – Träumen", deren Inhalt identisch ist.

Achtung: mehrere Texte werden zu derselben Melodie gesungen.

	Seite:
Bleibe bei uns, es will Abend werden CD 1,8	54
Christ ist erstanden	125
Christus, Geheimnis des Opfers CD 1,4	98
Der Abend kommt, nun enden unsre Wege	67
Der Tag ist am Ziel, CD von Hans-Jürgen Hufeisen, „Eremitage": „Vollmond"	65
Dich rühmt der Morgen (Chorsatz)	22
Die Mitte der Nacht (Kanon) CD 2,5	113, 116, 120
Dir, Gott des Friedens, zugewandt CD 1,10	62
Drei Frauen versanken	114, 120
Du bist des Tages Licht (Kanon)	155, 156
Du Geist der Weisheit (Kanon) CD 1,2	134, 135, 136
Du Glanz des Tages CD 1,2	39
Du Licht des Morgens CD 1,2	18
Du Licht des Morgens (Chorsatz) CD 1,2	20
Du Schöpfer der Erde (Chorsatz) CD 1,2	154
Du Schöpfer des Lebens CD 1,2	111
Du Schöpfer des Lebens (Chorsatz) CD 1,2	112
Du Stern des Abends CD 1,2	52
Du Stern des Abends (Chorsatz)	53
Du Trost der Armen CD 1,2	74
Du Trost der Verlorenen (Chorsatz) CD 1,2	93, 97
Ein Kind kommt zur Erde CD 1,14	76
Ein Kind kommt zur Erde (Chorsatz) CD 1,14	85
Ein Morgen leuchtet CD 1,3	16
Eins bitte ich von dir	47

	Seite
Es ist ein Ros entsprungen	82
Es kommt ein Schiff, geladen	71
Geh aus, mein Herz	152
Geist aus Gott, des Lebens Grund CD 2,10	130
Geist aus Gott, des Lebens Grund (Kanon) CD 2,10	132
Geist aus Gott, wir bitten dich (Chorsatz) CD 2,11	138
Geist, der du Feuer bist (Kanon) CD 1,4	140, 142
Gesegnet seien deine Wege CD 2,8	168
Gesegnet seien deine Wege (Chorsatz) CD 2,8	172
Gott, du Geheimnis, ewig unergründet	36
Gott, du Geheimnis der Liebe (Kanon) CD 1,4	79
Gott, du Geheimnis der Nähe (Kanon) CD 1,4	56
Gott, du Geheimnis der Schöpfung (Kanon) CD 1,4	25
Gott, du Geheimnis der Weisheit (Kanon) CD 1,4	41
Gott, du Quelle des Lebens (Kanon) CD 1,4	161, 163
Heilig bist du (Chorsatz) CD 1,5	28, 43, 59, 80, 99 112, 143, 144, 146, 165
Ich traue Gott	40
In abenddunklen Zweigen	64
Kyrie eleison, höre unsre Klagen CD 2,2	90, 92
Mach in mir deinem Geiste Raum	167
Nun gebe Gott uns seinen Segen CD 2,8	124
Nun gebe Gott uns seinen Segen(Chorsatz) CD 2,8	127
Singt mit, singt mit CD 2,13	158
Singt mit, singt mit (Chorsatz) CD 2,13	169
So komm und segne (Chorsatz)	30
Ums Haus geht schon der Abendwind CD 2,1	88
Wenn ein Gott ist CD 2,3	95
Wenn ein Gott ist (Chorsatz) CD 2,3	105
Wenn der Tag vergeht CD 1,6	50
Wenn ich einmal soll scheiden (Chorsatz)	102
Wir bitten Gott um seinen Segen CD 2,8	45, 148
Wir bitten Gott um seinen Segen (Chorsatz) CD 2,8	150
Wir sehen, Gott, auf deine Hand	32
Wir sehen, Gott, auf deine Hand (Chorsatz)	33
Wir stehen im Morgen CD 2,7	117
Wir warten, Kind, der Stunde CD 1,12	72

Bücher von Jörg Zink
mit Bibel-Übertragungen und Gebeten.

Womit wir leben können
Das Wichtigste aus der Bibel in der Sprache unserer Zeit. Für jeden Tag des Jahres ausgewählt und neu übersetzt von Jörg Zink.
382 Seiten, mit Bibelstellenregister, gebunden

Psalmen und Gebete der Bibel
Zum Sprechen im Wechsel gesetzt
144 Seiten, gebunden

Wie wir beten können
265 Seiten, mit Grafiken von Hans Hug gebunden

Die Musik zu diesem Buch.

Wie wir feiern können
Ausruhen – Zuhören – Träumen
Hans Jürgen Hufeisen und Jörg Zink
Spieldauer 80 Minuten, 2 CDs, 2 MCs und 2 LPs